울지 말고 꽃을 보라

세상에서 가장 행복한 사람은
지금 누군가를 사랑하고 있는 사람입니다

정호승

 _____ 님께 드립니다.

정호승의 인생 동화

울지 말고 꽃을 보라

정호승 지음

해냄

| 작가의 말 |

인생은 이야기로 이루어져 있습니다.

헤아릴 수 없이 수많은 인생의 이야기 중에서 사랑의 이야기를 동화의 그릇에 담았습니다.

인생이라는 이야기의 바다 한가운데 있는 가장 큰 섬은 사랑입니다.

사랑이야말로 인생의 가장 큰 화두입니다.

예수의 제자 한 분은 "사랑이 아니면 나는 아무것도 아닙니다"라고 말한 적이 있습니다.

우리도 사랑이 없으면 아무것도 아닙니다.

우리의 인생에서 사랑 이외의 모든 관심은 예비적 관심에 지나지 않습니다.

사랑을 빼고 나면 신이 설 자리를 잃듯이 인간에게도 사랑을 빼고 나면 삶의 자리를 잃고 맙니다.

세상에서 가장 행복한 사람은 지금 누군가를 사랑하고 있는 사람입니다.

당신은 지금 누구를 사랑하고 계신지요.

혹시 지금 사랑의 문제 때문에 울고 계신다면 울지 말고 꽃을 보십시오. 꽃이 피어나는 것도 우리를 사랑하기 때문입니다.

오래 전에 해냄출판사에서 출간된 『당신의 마음에 창을 달아드립니다』 『너를 위하여 나는 무엇이 될까』 『스무살을 위한 사랑의 동화』 등을 박항률 화백의 그림과 함께 다시 한 권의 책으로 묶었습니다.

인생에서 가장 중요한 일은 누군가를 사랑하고 사랑받는 것이요, 나머지는 전부 배경음악에 지나지 않습니다.

사랑에는 실패가 없습니다.

2011년 여름

정호승

작가의 말 4

1장 기다림 없는 사랑은 없다

사랑의 동그라미 11

꽃씨 14

실패에는 성공의 향기가 난다 16

물방울 형제 19

가을보리 21

고슴도치의 첫사랑 25

별 헤는 밤 34

어린 갈대의 영혼 36

하늘로 올라가는 계단 39

나무들은 왜 사람에게 말을 안 할까 41

흰수염갈매기의 꿈 45

그림 밖으로 날아간 새 51

모정 56

댓잎뱀장어의 삶 59

가장 아름다운 꽃 62

땅 위의 직업 65

촛불 68

청둥오리의 노력 70

타조의 꿈 73

기다림 없는 사랑은 없다 78

| 차례 |

2장 뼈저린 후회

사라져야 향기다 89

뼈저린 후회 93

질투 95

바윗돌 이야기 98

나는 무엇이 될 수 있을까 103

은빛 연어 108

작은 꽃게의 슬픔 110

약속 113

조화와 생화의 대화 116

지구를 사랑한 별 123

꽃들은 달력이 필요없었다 125

짝사랑 128

대통령이 된 가시나무 131

아름다운 까닭 134

진정한 벌 136

새의 일생 139

우리 동네 샘물 142

새싹 144

극락조 148

서울의 예수 152

노다지의 주인 155

낙타의 모성애 158

3장 수평선 너머엔 무엇이 있을까

바람을 미워한 은행나무 163

친구를 사랑한 개 170

바람이 하는 말 173

썩지 않는 고무신 176

바이올린의 눈물 181

고로쇠나무의 봄 188

세상에서 가장 아름다운 산 194

오만한 개똥벌레 198

우물과의 대화 201

녹지 않는 눈사람 203

다람쥐똥 209

생명의 힘 213

배추흰나비의 기쁨 216

문어의 사랑 221

모래와 바위 224

장미의 향기 226

검은툭눈금붕어 229

봄을 기다린 두 토끼 234

위대한 개구리 237

수평선 너머엔 무엇이 있을까 246

4장 완벽하면 무너진다

아버지와 신발 251

꽃으로 만든 채찍 253

별이 되고 싶었던 개구리 255

가장 훌륭한 우산 장수 257

첫눈이 오는 이유 260

성모님, 죄송합니다 264

손가락들의 대화 266

바늘구멍으로 들어간 황소 268

기다림 271

사람의 어깨 274

젖무덤 277

신(神)과의 약속 278

귀무덤 282

비로자나불의 마음 283

별똥별 286

쥐똥나무 288

에밀레종 293

완벽하면 무너진다 302

5장 겨울의 의미

심장이 둘 달린 사내 307

반가사유상의 미소 309

사과 세 개의 축복 313

유씨 부인의 사랑 316

어떤 탄원서 318

사랑과 우정 321

너를 위하여 나는 무엇이 될까 323

당신의 마음에 창을 달아드립니다 326

산울림 330

잘려진 바지 332

겨울의 의미 336

맹인안내견 340

눈사람이 된 연탄재 346

그녀의 보석 349

발레리나를 꿈꾸던 소녀 353

군밤장수를 찾습니다 357

그 청년이 지고 온 함 360

열정 363

두 눈을 가린 스승 367

보물찾기 371

북의 어머니 374

순한 양과 풀밭 378

1장

기다림 없는 사랑은 없다

사랑의 동그라미

바닷가에 해가 지고 있었다. 멀리 수평선 위로 노을이 붉게 타오르고 있었다. 소년은 수평선 너머로 사라지는 해를 바라보며 하염없이 바닷가 모래밭에 앉아 있었다. 소년은 오늘따라 엄마가 너무 보고 싶었다.

엄마는 소년의 곁을 떠난 지 벌써 3년째였다. 가끔 찾아오겠다는 약속과는 달리 엄마는 소년을 찾아오지 않았다. 소년은 어느새 그리움과 기다림이 무엇이라는 것을 알게 되었다.

소년은 엄마 아빠가 헤어지던 그날을 분명 기억하고 있다.

그날은 봄방학이 끝나던 2월의 마지막 날이었다. 아침부터 봄비가 주룩주룩 내리던 그날, 엄마 아빠는 아침 일찍 집을 나갔다. 그리고 그날 저녁 엄마가 울먹이는 전화 목소리로 소년에게 말했다.

"엄마 아빠는 오늘 법원에 가서 법적으로 헤어졌단다. 넌 이제 아빠하고 살아라."

소년은 자리에서 일어나 손가락으로 모래 위에 선을 그었다. 계속 선을 그으면 그 선이 닿는 곳에 엄마가 있을 것 같았다.

　소년은 계속 선을 그었다. 파도가 달려와 선을 없애면 다시 그 자리에 선을 그었다.

　어느새 밤은 깊었다. 보름달이 해변을 밝게 비추고 있었다.

　소년은 모래 위에 선을 긋는 일을 잠시 멈추고 밤하늘을 바라보았다. 보름달이 빙그레 웃으면서 소년을 바라보았다. 소년은 보름달이 동그스름한 엄마의 얼굴 같았다. 소년은 보름달 같은 엄마의 얼굴을 그리고 싶었다.

　그러나 소년은 동그라미를 그릴 줄 몰랐다. 보름달처럼 둥근 원을 그리고 싶어하면서도 손가락이 아플 정도로 계속 직선만 그어대었다.

　그때 소년의 등 뒤로 가만히 다가서는 한 사람이 있었다. 소년의 아버지였다.

　"애야, 동그라미를 그리려면 처음 시작했던 자리로 되돌아가야 하는 거야."

　소년은 아빠의 말대로 처음 시작했던 자리로 되돌아가면서 선을 그었다. 그러자 보름달처럼 둥근 동그라미가 그려졌다.

　"그래, 참 잘 그렸구나."

　아버지는 아들을 칭찬했다. 아들이 바닷가에 그려놓은 동그라미를 바라보면서 나직이 혼잣말로 중얼거렸다.

　"아, 사랑도 이런 것이구나. 사랑하던 첫마음으로 되돌아갈 수 있어야 사랑의 원을 그릴 수 있구나. 처음과 끝이 서로 같이 만나야 진정 사랑을 완성할 수 있구나."

꽃씨

아이가 엄마 손을 잡고 세계 꽃박람회에 갔다가 엄마한테 물었다.
"엄마, 꽃은 어디서 태어나는 거야?"
"응, 꽃씨에서 태어나는 거야."
"꽃씨 속에 꽃이 있어?"
"응."
아이는 엄마를 졸라 나팔꽃 꽃씨 하나를 얻었다.
아이는 얼른 꽃이 보고 싶어 연필 깎는 칼로 열심히 꽃씨를 깠다. 그러나 그 속에는 꽃이 없었다. 꽃도 없고 잎도 없었다.
아이는 급히 엄마한테 달려갔다.
"엄마, 꽃씨 속에 꽃이 없어. 엄만 거짓말쟁이야."
아이는 곧 울음이라도 터뜨릴 것 같았다.
엄마는 가만히 아이를 안아주면서 말했다.

"꽃씨 속에는 꽃이 분명히 있어. 다만 하늘의 바람과 햇살, 땅의 흙과 물이 한데 마음을 합쳐야만 꽃은 피어날 수 있는 거야. 꽃을 피우는 것은 우리 사람이 아니란다."

실패에는 성공의 향기가 난다

나는 실패입니다. 내 얼굴은 모과처럼 못생겼지요. 눈물을 질질 잘 짜기도 하고, 땅을 치며 통곡을 잘하기도 합니다. 물론 술, 담배도 잘하지요. 단 하루라도 술을 마시지 않으면 잠을 잘 수가 없답니다.

어떤 때는 마음이 너무 울적해 아파트 옥상으로 올라가 훌쩍 뛰어내려 버릴까 하는 생각을 하기도 합니다. 또 어떤 때는 달려오는 지하철로 몸을 휙 날려버리고 싶은 충동에 사로잡혀 부르르 떨기도 한답니다. 얼마 전엔 남산타워에 올라가 서울을 내려다보다가 그대로 창을 부수고 몸을 날려버리고 싶었답니다.

나는 실패인 나 자신을 쳐다보기도 싫답니다. 정말 하루하루가 견딜 수 없는 날들이지요. 도대체 나 자신이 나 자신을 사랑할 수가 없답니다. 세상에 자기 자신을 사랑할 수 없는 이가 또 누구를 사랑할 수 있겠습니까. 우선 자기 자신이 자기 자신에게 쓸모가 있어야 남에게도 쓸모가 있

지 않겠습니까.

　아무짝에도 쓸모가 없는 나는 어느 날 나 자신을 죽이기로 굳게 마음을 먹었습니다. 어떻게 죽일까 몇 날 며칠을 두고 곰곰 생각하다가 세상을 떠들썩하게 하는 게 싫어 그냥 나 혼자 조용히 썩어가기로 마음을 먹었습니다.

　나는 내 얼굴처럼 못생긴 모과가 되어 어느 집 응접실 한쪽 구석에 처박혀 조용히 썩어가기 시작했습니다.

　썩어간다는 것은 큰 고통이었습니다. 자기 몸의 일부가 하루하루 썩어 문드러진다는 것은 어쩌면 죽음보다 더 큰 고통일 수도 있었습니다.

　그렇지만 나는 처음에 결심한 대로 나를 죽이는 일에 전력을 다했습니다. '한 알의 밀알이 썩지 않으면 그 열매를 거둘 수 없다'는 성경 말씀 따위는 생각하지도 않았습니다. 그저 내 영혼마저도 하루속히 썩어 사라질 날들만 기다리고 있었습니다.

　그런데 말입니다. 사람들은 참으로 이상하더군요. 썩어가는 나한테서 참 좋은 향기가 난다는 거예요.

　"얘, 이 모과향 정말 좋다. 어디서 났니? 요즘 같은 겨울철엔 구하기도 힘들잖니. 난 이런 은은한 향기가 정말 좋아."

　참으로 뜻밖의 말이었습니다. 썩어가는 나한테서 좋은 향기가 난다니!

　나는 그때 문득 돌아가신 아버지의 말씀이 생각났습니다.

　"얘야, 실패를 너무 두려워하지 말아라. 실패에는 성공의 향기가 난단다."

물방울 형제

강가에 사는 물방울 형제가 어느 날 바다를 보고 놀라게 되었다.
"우와, 이렇게 큰 강이 있다니!"
동생 물방울이 형 물방울의 손을 잡고 놀라 입을 다물지 못했다.
"이건 강이 아니야. 바다라고 하는 거야. 강이 모여서 바다가 되는 거야."
형 물방울이 동생 물방울의 무지함을 일깨워주었다.
그러자 동생이 겸연쩍은 듯 얼굴을 붉히고 있다가 다시 말했다.
"형, 바다는 몇 개의 물방울로 이루어진 것일까? 그리고 가장 큰 물방울은 얼마만할까? 이만할까?"
동생은 두 팔을 벌려 커다란 원을 그렸다.
"글쎄……."
이번에는 형 물방울이 얼른 대답하기가 힘들었다.
"형이 그것도 몰라?"

동생 물방울이 고개를 갸웃거리며 형에게 몹시 실망했다는 표정을 지었다.

"알았어. 바다를 알기 위해서는 바다가 되는 수밖에 없어. 내가 직접 바다에 가서 알아보고 말해 줄게."

형 물방울은 동생을 실망시킬 수 없어서 곧장 바다로 뛰어들었다. 형 물방울은 바다에 뛰어드는 즉시 바다가 되어버렸다.

바다가 되어버린 형 물방울은 동생 물방울한테 돌아갈 수가 없었다. 바다가 몇 개의 물방울로 이루어져 있는지, 가장 큰 물방울이 얼마나 큰지 이야기해 주고 싶어도 이야기해 줄 수가 없었다. 동생 물방울이 용기를 내어 바다로 뛰어들기만을 기다릴 수밖에 없었다.

가을보리

한 농부가 평생 농사를 짓다가 이제 죽을 날이 얼마 남지 않았다는 사실을 알게 되었다.

그는 죽는 일은 별로 두렵지 않았다. 철따라 부지런히 농사를 짓고, 자식을 낳고, 세 끼 밥을 맛있게 먹으며 건강하게 살다가 죽는 일은 자연의 이치였다.

그러나 그에게는 조금 남다른 생각이 있었다. 그는 죽기 전에 자신이 하지 않으면 안 될 일이 꼭 있을 것 같아 그것이 무엇인지 곰곰 생각하는 일로 하루 해를 보냈다.

그러나 그것이 무엇인지 쉽게 알 수 없었다. 죽음이란 인간에게 참으로 자연스러운 것이므로 죽는 것은 아무렇지도 않았으나, 살아 생전에 꼭 해야만 하는 일을 하지 못하고 죽을 것 같아 안타까웠다.

그런 가운데 겨울이 지나고 봄이 왔다. 그는 먼산에 이는 아지랑이를

물끄러미 바라보다가 문득 아들을 불렀다.

"아들아, 나를 따라오너라."

그는 아들을 앞세우고 보리밭에 가서 가을보리를 심게 했다.

아들은 아버지가 왜 봄에 가을보리를 심으라고 하나 의아했으나 말없이 아버지의 명을 따랐다.

"특별히 이 보리밭을 잘 가꾸도록 해라."

아들은 아버지의 말씀을 따라 보리밭을 가꾸는 데 정성을 다했다. 제때 거름도 주고 풀도 뽑았다. 그렇게 정성을 들인 탓인지 보리는 보기 드물 정도로 쑥쑥 잘 자랐다. 그런데 수확기가 되어 보리를 거두려 하자 정작 보리가 패지 않았다. 보리가 웃자라기만 했을 뿐 정작 보리라는 열매는 맺지 않았다.

아들은 놀라지 않을 수 없었다. 보리 이삭이 패지 않으리라고는 전혀 생각도 하지 못한 일이었다.

"어떠냐? 보리 이삭이 잘 팼느냐?"

망연자실하고 있는 아들에게 다가와 아버지가 말했다.

"아닙니다. 이삭이 패지 않았습니다."

그러자 아들을 향해 빙그레 미소를 지으며, 이제 죽기 전에 꼭 해야 할 일을 다 했다는 듯 아버지가 말을 이었다.

"아들아, 내 말을 잘 들어라. 가을보리를 봄에 심으면 절대 열매를 맺지 않는다. 가을보리는 가을에 심어 혹독한 겨울의 눈보라를 견디며 자라게 해야 이듬해 봄에 튼튼한 보리로 자라서 알찬 열매를 맺는다. 그것이 가을보리의 타고난 운명이다. 가을보리가 진정한 보리가 되기 위해서는 겨울이라는 고통과 인내가 필요하다. 고통이 없는 온실 같은 평화는 오히려 가을보리에겐 절망이며, 죽음이다. 아들아, 이렇게 가을보리처럼 고통 없는 열매는 없다. 너도 이제 네 인생의 고통을 피하려 들지 말아라. 네 인생의 알찬 열매를 맺기 위해서는……."

고슴도치의 첫사랑

밝은 대낮에 떡갈나무 숲 속을 산책하기를 좋아하는 한 고슴도치가 있었다. 고슴도치는 야행성이라서 주로 낮에는 나무뿌리나 바위틈에 숨어 있다가 밤이 되면 슬슬 돌아다니는데, '고슴이'라고 불리는 고슴도치만은 그렇지 않았다.

고슴이는 언제나 친구들이 다 잠든 낮이면 혼자 일어나 작은 귀를 쫑긋 세우고 새들의 노랫소리를 들으며 떡갈나무 숲 속을 산책했다. 그리고 친구들이 기지개를 켜고 슬슬 활동하는 밤이면 혼자 너럭바위 밑에 들어가 잠을 잤다.

친구들은 그런 고슴이의 행동을 비웃었다.

"고슴아, 넌 너 자신을 좀 알아야 해. 넌 고슴도치야. 고슴도치는 고슴도치답게 살아야 하는 거야. 넌 왜 우리가 다 잠든 낮이면 일어나고, 우리가 일어나 일하는 밤이면 자니? 너 정말 그렇게 해도 되는 거니?"

"미안해. 그렇지만 난 밤이 싫어. 맑은 바람이 불고, 해님이 있고, 햇살이 눈부신 밝은 대낮이 좋아."

"밤에도 달님이 있어. 달빛도 있고. 어디 그뿐인 줄 아니? 별님도 있고 별빛도 있어. 밤하늘에 떨어지는 별똥별을 보면 얼마나 아름다운지 몰라."

"하긴 그래. 그렇지만 난 어둠이 싫어. 어둠침침한 밤은 정말 싫어."

고슴이는 친구들의 말에는 조금도 귀기울이지 않고 해만 뜨면 일어나 숲 속을 산책했다. 그럴 때마다 고슴이는 자신이 참으로 행복한 고슴도치라는 생각이 들었다.

그런 어느 날이었다. 고슴이는 숲 속 오솔길에서 다람쥐 한 마리를 만났다. 그런데 참으로 이상한 일이었다. 아침 산책길에서 가끔 만나곤 하던 다람쥐였으나, 고슴이는 그날따라 다람쥐를 보자 갑자기 가슴이 콩콩 뛰기 시작했다. 재빨리 나무 위로 기어오르다가 잠깐 멈추어서서 그를 쳐다보는 다람쥐의 그 초롱초롱한 눈빛에 그만 온몸이 다 녹아버리는 것 같았다.

고슴이는 용기를 내어 가만히 다람쥐에게 다가가 말을 걸었다.

"난 고슴이라고 해. 넌 이름이 뭐니?"

"난 다람이야."

"다람이야, 나도 너처럼 나무 위로 올라가고 싶어. 그런데 어떻게 하면 올라갈 수 있니? 그 방법을 좀 가르쳐줄 수 있겠니?"

"그건 가르쳐준다고 되는 일이 아니야. 자기 스스로 노력해야 하는 일이야."

다람이는 고슴이를 내려다보며 방긋 미소를 띠었다.

고슴이는 다람이한테 가까이 가고 싶어 어떻게 하든 나무 위로 기어오르려고 애를 썼다. 그러나 아무리 애를 써도 번번이 나가떨어지기만 할 뿐, 도저히 나무 위로 기어오를 수가 없었다.

그렇지만 고슴이는 포기하지 않았다. 나동그라지고 또 나동그라져도 열심히 나무 위로 기어올라가 해질 무렵쯤이 되어서야 겨우 나무 밑동 위로 조금 올라갈 수 있었다. 그러나 이미 다람이는 집으로 돌아가버리고 어디에도 보이지 않았다.

그날 밤, 너럭바위 아래로 돌아온 고슴이는 잠이 오지 않았다. 바위 틈새로 보이는 밤하늘의 별들만 하염없이 쳐다보았다. 별이란 별은 모두 떡갈나무 가지 사이로 빛나던 다람이의 맑고 까만 눈동자 같았다.

이튿날 아침, 고슴이는 다람이를 만나기 위해 다른 날보다 더 일찍 일어나 떡갈나무 숲으로 갔다. 다람이도 밤새 고슴이가 보고 싶었는지 다른 날보다 더 일찍 숲으로 나와 있었다. 고슴이는 한없이 가슴이 뛰었다. 다람이가 그 탐스러운 꼬리를 치켜올릴 때마다 발갛게 얼굴이 달아올랐다.

고슴이와 다람이는 이렇게 이른 아침마다 숲 속 오솔길에서 만나고 또 만났다. 그들이 만날 때마다 숲은 언제나 아침이슬에 젖어 있었고, 다람이는 언제나 햇살에 빛나는 아침이슬 같았다. 고슴이는 그런 다람이를 바라보고 있는 것만으로도 행복했다.

그런 어느 날, 숲 속에 고요히 피어오르는 물안개를 바라보고 있다가 고슴이는 그만 마음속 깊이 감추고 있던 말을 하고 말았다.

"다람이야, 난 결코 이 말을 안 하려고 했지만……, 난 널 사랑해."
그러자 다람이가 재빨리 나무 아래로 내려오면서 말했다.
"고슴이야, 나도 널 사랑해."
"정말?"
"그럼! 난 네가 그 말을 해주길 얼마나 기다렸는지 몰라."
다람이는 조금도 주저하지 않고 고슴이의 품으로 달려들었다. 고슴이는 너무나 기쁜 나머지 있는 힘을 다해 다람이를 힘껏 껴안았다. 그러자 갑자기 다람이가 "아야! 이거 놔! 이거 놓으란 말이야!" 하고 비명을 내질렀다.
고슴이가 깜짝 놀라 얼른 팔의 힘을 풀었다. 그러자 다람이가 재빨리 고슴이의 품을 빠져나면서 소리쳤다.
"넌 몸에 왜 그렇게 가시가 많니? 따가워 죽을 뻔했어!"
다람이는 화가 잔뜩 난 얼굴이었다.
"우리 고슴도치들은 다들 그래. 나만 가시털이 있는 게 아니야."
"그러면 그렇다고 미리 말을 했어야지. 난 가시가 있으면 싫어. 널 사랑하지 않을 거야. 네 몸에 가시가 있는 줄은 정말 몰랐어!"
"다람이야, 그러지 마. 내가 누굴 사랑해 본 건 네가 처음이야."
"그래도 싫어. 몸에 가시가 있는 한, 난 널 사랑하지 않을 거야. 난 널 안을 수도, 안길 수도 없어."
고슴이는 정신이 멍해졌다. 사랑을 얻게 된 순간에 갑자기 사랑을 잃게 되었다는 생각이 들어 멍하니 다람이만 쳐다보았다.
"다람이야, 사랑은 그런 게 아니야. 우리가 누굴 사랑한다는 건 있는 그대로를 사랑한다는 뜻이야. 내가 조금 못났더라도 예쁘게 봐주길 바래."

"아냐, 난 네 가시털이 너무 아파. 네가 날 정말 사랑한다면 이번 기회에 아예 가시털을 없애버렸으면 좋겠어."

"가시털을 없애라고?"

"그래, 사랑한다면 말이야."

"그건 내게 너무 무리한 요구야. 가시털이 없으면 난 죽게 될지도 몰라. 내가 죽으면 날 만날 수도 없잖니?"

"그래도 난 가시털이 싫어."

"다람이야, 부탁이야. 지금 있는 그대로의 나를 사랑해 줘."

고슴이는 겨우 정신을 차리고 떠듬떠듬 말을 이어갔다. 그러나 다람이는 "가시털을 없애지 않으려면 날 만날 생각도 하지 마" 하고 소리치고는 뒤도 돌아보지 않고 쪼르르 나무 위로 올라가버리고 말았다.

고슴이는 슬펐다.

"넌 등에 검은 줄이 다섯 개나 되잖아? 어떤 땐 나도 그 검은 줄이 보기 싫을 때가 있었어. 그렇지만 난 그것 때문에 널 싫어하지는 않았어."

고슴이는 밤송이처럼 몸을 웅크린 채 다람이가 사라진 떡갈나무를 쳐다보며 혼자 울고 또 울었다.

고슴이는 다람이를 만날 수가 없었다. 다람이는 고슴이가 떡갈나무 숲 속에 나타나기만 하면 어디론가 멀리 달아나버리곤 했다.

고슴이는 다람이가 보고 싶어 견딜 수가 없었다. 사랑이 이렇게 고통스러운 것인 줄 몰랐던 고슴이는 날마다 눈물로 시간을 보냈다.

그러다가 어느 날 곰곰 생각했다.

'내가 다람이를 사랑하는 한 어쩔 수 없어. 내 몸의 가시털을 없애는 수밖에. 다람이는 날 사랑하면서도 가시털 때문에 날 멀리하고 있을 뿐이야. 내 몸에 가시털만 없다면 지금쯤 우리는 매일 서로 만나 뜨겁게 사랑하고 있을 거야. 난 다람이를 위해 내 몸의 가시털을 없애지 않으면 안 돼…….'

고슴이는 그날부터 가시털을 없애기 위해 바위 모서리에 몸을 비비기 시작했다. 한 번씩 몸을 비빌 때마다 온몸에 피가 흐르고 팔다리가 떨어져 나가는 것 같았다. 그러나 고슴이는 다람이를 생각하며 참고 또 참았다.

"고슴아, 너 도대체 이게 뭐하는 짓이니?"

"가시털을 없애려는 거야."

"왜?"

"몰라도 돼."

"너 이러다가 잘못하면 죽어. 가시털은 우리의 생명과도 같은 거야."

"나도 알아. 그렇지만 이렇게 할 수밖에 없어."

몇 날 며칠 친구들이 안타까이 말려도 고슴이는 들은 척도 하지 않았다.

결국 고슴이는 바위 하나를 벌겋게 피로 물들이고 나서야 몸에 난 가시털을 전부 없앨 수 있었다.

고슴이는 그 길로 곧장 다람이를 찾아갔다.

"다람이야, 네 말대로 내 몸의 가시털을 다 없앴어."

"뭐라고? 정말이야?"

"그래, 난 널 위하는 일이라면 무엇이든지 다 할 수 있어. 날 한번 안아 봐. 이젠 가시가 없어, 괜찮아."

다람이는 놀라지 않았을 수 없었다. 가시털을 다 없앤 고슴이는 가엾게도 온몸이 피투성이였다.

다람이는 얼른 달려가 고슴이를 꼭 껴안아주면서 말했다.

"고슴아, 미안해. 내가 잘못했어. 난 네가 정말 그럴 줄 몰랐어. 용서해 줘."

다람이는 고슴이에게 가시털을 없애라고 한 일이 후회되었다. 고슴이를 그토록 고통스럽게 만든 자신이 미웠다.

"고슴아, 미안해. 다시는 그런 말 하지 않을게."

"아니야, 괜찮아. 난 이대로 행복해."

사랑하는 다람이의 품에 안긴 고슴이는 정말 행복했다. 마치 포근한 엄마 품에 안긴 것 같았다. 이대로 시간이 흐르지 않고 영원히 멈춰버렸으면 싶었다.

그러나 고슴이의 그런 행복은 잠깐이었다. 갑자기 다람이를 짝사랑하는 들쥐가 나타나 고슴이를 공격해 왔다.

"감히 고슴도치 주제에 다람쥐를 사랑하다니! 저리 비키지 못해?"

반들반들 고슴이를 노려보는 검은 들쥐의 눈은 무서웠다.

"정말 저리 비키지 못해?"

고슴이는 들쥐의 말을 들은 척도 하지 않고 다람이를 더욱 꼭 껴안았다. 그러자 들쥐가 날카로운 두 발을 치켜들고 고슴이를 공격해 왔다.

고슴이도 두 발을 치켜들고 들쥐에게 달려들었다.

"얘들아, 싸우지 마!"

다람이가 발을 동동 구르면서 소리쳤지만 싸움은 쉽게 끝나지 않았다. 서로 뒤엉켜 땅바닥을 뒹굴 때마다 들쥐의 날카로운 이빨에 찔려 고슴이의 몸은 더욱 피투성이가 되어갔다.

몸에 가시가 없어진 고슴이는 들쥐의 공격을 막을 재간이 없었다. 고슴이는 그만 사랑하는 다람이를 들쥐한테 빼앗겨버리고 말았다.

'다람이를 위해 가시까지 없앴는데 들쥐한테 빼앗기다니!'

고슴이는 너무나 억울해서 슬피 울었다.

몇 날 며칠 떡갈나무 숲 속에서는 고슴이의 울음소리가 그치지 않았다.

그러나 고슴이의 몸 속에서 다시 가시털이 조금씩 자라고 있다는 사실을 아는 이는 아무도 없었다.

정작 고슴이 그 자신마저도…….

별 헤는 밤

평생 동안 밤하늘의 별들만 헤아려온 사람이 있었다. 지금까지 그 누구도 밤하늘의 별들이 몇 개인지 그 수를 헤아리지 못했고, 앞으로도 영원히 헤아리지 못할 일임에도 불구하고 그는 허구한 날 밤하늘의 별들만 헤고 있었다.

그런 그를 보고 하루는 안타깝다는 듯이 밤하늘의 별이 물었다.

"그대는 왜 나를 헤아리는 그따위 헛된 일에 평생을 바치십니까?"

그러자 별을 바라보며 그가 말했다.

"헛되다니요? 그건 당신을 사랑하는 내 나름대로의 한 방법입니다. 나는 당신이 몇 개인지 그 숫자를 세고 있는 것이 아닙니다. 나는 그저 당신을 바라보고 있는 것이 좋아서 밤마다 당신을 바라보고 있을 따름입니다."

그의 말에 별은 한참 동안 입가에 미소를 머금고 있다가 다시 입을 열었다.

"실은 나도 밤마다 지구에 사는 수많은 사람들의 수를 헤아리고 있답니다. 그것 또한 그대가 말한 것처럼 인간을 사랑하는 내 나름대로의 한 방법일 따름입니다."

어린 갈대의 영혼

강가의 갈대들이 바람에 나부꼈다. 갈대는 바람이 부는 대로 온몸을 내맡겼다. 조금만 더 세게 바람이 불어도 갈대의 허리는 깊게 휘어졌다.

"엄마, 우리는 왜 이렇게 약한 거야?"

어린 갈대는 바람의 의지대로 살아야만 하는 자신의 모습이 초라하게 느껴졌다.

"약한 게 아니라 부드러운 거란다."

엄마는 팔을 뻗어 어린 갈대의 뺨을 쓰다듬어주었다.

"아니야, 약한 거야. 바람이 조금만 불어도 허리가 휘어지잖아. 엄마는 왜 바람이 하는 대로 하는 거야?"

"그건 엄마가 바람을 사랑하기 때문이야. 물론 바람도 우릴 사랑하기 때문이고."

어린 갈대는 바람을 사랑한다는 엄마의 말에 한동안 입을 다물고 생각

에 잠겨보았다. 그러나 아무리 생각해도 그것은 사랑이 아니었다. 평소 사랑이라는 말만 나오면 왠지 눈물이 핑 돌았으나 이번에는 그렇지 않았다.

"난 엄마 말을 받아들일 수 없어. 사랑이란 상대방에게 허리를 굽히게 하는 일이 아니야. 엄마, 난 내 의지대로 꼿꼿하게 살고 싶어. 바람이 불어도 휘지 않는 강한 갈대가 되고 싶어."

이번에는 엄마 갈대가 깊은 생각에 잠겼다가 천천히 입을 열었다.

"아가, 약한 것이 강한 것이고, 지는 것이 이기는 것이란다. 네가 이겼다고 생각하는 바로 그 순간에 너는 지는 것이고, 네가 강하다고 생각하는 바로 그 순간에 너는 약해지는 것이란다."

어린 갈대는 더 이상 아무 말을 하지 않았다. 유난히도 어린 갈대의 침묵은 길었다.

다시 세찬 바람이 불었다. 갈대들은 일제히 바람 부는 방향을 따라 허리를 굽혔다.

그러나 어린 갈대는 아무리 강한 바람이 불어도 꼿꼿이 허리를 세우고 굽히지 않았다.

며칠 뒤, 어린 갈대의 허리는 꺾여 있었다. 꺾여진 어린 갈대의 육체만이 바람에 가늘게 말라갔다.

그러나 어린 갈대의 영혼만은 아무리 바람이 세차게 불어와도 꼿꼿하게 허리를 세우고 강가를 지키고 있었다.

하늘로 올라가는 계단

하늘로 걸어 올라가는 계단이 있었다.

그 계단을 끝까지 걸어 올라가면 누구나 소원하는 것을 얻을 수 있다는 이야기가 사람들 사이로 널리 퍼져갔다.

사람들은 저마다 이루고 싶은 소원을 가지고 계단을 올라갔다.

그러나 끝까지 계단을 올라간 사람은 아무도 없었다. 다들 중도에서 포기하고 그냥 내려왔다. 아무리 계단을 올라가도 계속 계단만 나올 뿐 계단의 끝이 나오지 않는다는 것이 그 이유였다.

결국 끝까지 올라가 본 사람이 없는 가운데 사람들은 차차 계단을 잊어갔다. 그러나 결코 계단을 잊지 않은 한 소년이 있었다.

"하늘로 올라가는 계단을 끝까지 한번 올라가보거라."

할머니가 돌아가시면서 하신 말씀을 소년은 결코 잊지 않고 있었다.

소년은 할머니가 보고 싶을 때마다 할머니가 말씀하신 그 계단 위로 한번 올라가보고 싶었다.

  소년은 쉬지 않았다. 바람이 불고 구름이 앞을 가려도 끊임없이 계단을 올라갔다. 아무리 힘이 들어도 포기하지 않았다. 계단을 끝까지 오르겠다는 것 외에는 아무런 소원을 갖지 않았다.

  계단을 올라가는 도중에 소년의 머리는 어느새 하얗게 변했다.

  소년은 노인이 되어서야 비로소 계단의 끝에 다다랐다가 다시 계단 아래로 내려왔다.

  기자들이 노인을 인터뷰하기 위해 우르르 몰려들었다.

  "노인께서 무엇을 소원하셨기에 계단 끝까지 올라갈 수 있었습니까?"

  한 기자가 급하게 마이크를 들이대었다.

  "아무것도 소원하지 않았습니다. 다만 계단을 끝까지 올라가는 것만이 내 소원이었습니다."

  "계단 끝에는 무엇이 있었습니까?"

  노인은 한참 동안 눈을 지그시 감고 있다가 사람들을 둘러보았다.

  "아무것도 없었습니다. 있었다면 다만 인생이 있었을 뿐입니다."

나무들은 왜 사람에게 말을 안 할까

예전에 사람과 나무와 풀들은 서로 말을 주고받았다. 나무가 사람에게 "안녕?" 하고 말하면 사람도 나무에게 "안녕?" 하고 말했다. 나무와 사람 사이에 무슨 말이든 서로 나눌 수 없는 말이 없었다.

그런데 어느 날부터 나무는 사람과 말을 하지 않게 되었다. 나무가 그만 사람에게 입을 다물어버린 것이다. 그것은 나무를 사랑하던 한 소녀에게 일어난 일 때문이다.

소녀는 매일 아침마다 나무에게 찾아가 물을 주었다.

"잘 잤니? 목마르지 않아?"

"아니, 괜찮아. 너도 잘 잤어?"

나무는 자기를 사랑해 주는 소녀가 참으로 고마웠다. 어떻게 하면 소녀를 기쁘게 해줄까 하는 생각만으로도 늘 마음이 벅찼다.

소녀는 무럭무럭 자랐다. 나무 또한 무럭무럭 자라 소녀에게 맛있는 열매와 그늘을 제공해 주었다.

어느덧 세월이 흘러 소녀는 한 남자를 만나게 되었다. 나무는 소녀가 자기에게 기댄 채 사랑하는 남자 품에 안겨 있는 모습을 보면 마음이 흐뭇했다. 그럴 때마다 햇살이 어른거리는 맑은 바람과 그늘을 제공했다.

이윽고 소녀는 그 남자와 결혼을 하게 되었다. 결혼식은 울창하게 자란 나무 밑에서 열렸다. 나무는 신부가 된 소녀가 너무나 아름다워 단 한 번만이라도 사람이 되고 싶다는 생각이 들었다.

시간은 빨리 흘렀다. 그리고 모든 것을 변화시켰다. 소녀를 사랑하던 남자가 이제 더 이상 소녀를 사랑하지 않게 되었다.

"우리 헤어져요. 나도 당신을 사랑하지 않아요."

어느 날부터인가 그들은 나무 밑에서 말다툼을 시작했다.

"난 당신한테 속았어요. 내 인생을 보상해요."

그들은 날이 갈수록 말다툼하는 일이 잦아졌다.

그런 어느 초승달이 뜬 날 밤이었다. 그날 밤의 말다툼은 격렬했다. 말다툼 끝에 남자가 소녀의 목을 졸라 소녀가 나무 아래 쓰러져 숨을 거두고 말았다.

나무는 놀라지 않을 수 없었다. 사람들이 한마디 말 때문에 살인까지 저지른다는 사실이 너무나 충격적이었다. 그 사실은 나무와 풀들 사이로 빠르게 퍼져나갔다. 사람들이 말로 인해 살인까지 저지른다는 사실에 너무나 놀라 모두 입을 다물어버렸다.

그 이후로 나무와 풀들은 아무도 사람과 말을 하지 않았다. 사람과 나무 사이의 의사 소통의 길이 그만 끊어져버리고 만 것이다.

그러나 아직 나무와 풀들이 잊지 않고 있는 단 한마디의 말이 있다. 그것은 바로 이 말이다.

"사랑해!"

흰수염갈매기의 꿈

　동해안 어느 부둣가에 멋지게 흰 수염이 길게 난 흰수염갈매기가 한 마리 살고 있었다. 그는 다른 갈매기들과는 달리 생각이 많고, 하고 싶어 하는 일도 많은 갈매기였다. 좋게 말하면 밤잠을 자지 않고서라도 자신이 해야 할 일은 끝까지 해내는 부지런한 갈매기라고 할 수 있고, 나쁘게 말하면 자기 분수를 잘 모르는, 욕심이 좀 지나친 갈매기라고도 할 수 있었다.

　그러나 동해안에 사는 갈매기들치고 흰수염갈매기를 싫어하는 갈매기는 아무도 없었다. 흰수염갈매기가 부둣가에 나타나면 "저기 흰수염 할아버지 오셨다!" 하고 다들 우르르 몰려들었다. 왜냐하면 흰수염갈매기는 누가 어려운 일을 당하면 그냥 못 본 척하고 지나가는 일이 없었기 때문이었다. 특히 부모 잃은 어린 갈매기들을 보면 그저 불쌍해서 못 견뎠다. 어쩌다가 먹을 거라도 맛있는 게 생기면 "얘들아, 이리 와서 이거 먹어라" 하고 꼭 어린 갈매기들을 불러들였다.

그뿐만 아니라 어린 갈매기들이 먹이를 구하지 못해 부둣가 한 구석에 기운이 쭉 빠져 누워 있으면 얼른 먹이를 구해다가 먹이는 갈매기가 바로 흰수염갈매기였다.

그런데 그런 그에게도 딱 한 가지 흠이 있었다. 그것은 다른 갈매기들과는 달리 쓸데없는 생각을 많이 한다는 것이었다.

'바닷물은 왜 이렇게 많을까? 이렇게 많은데 왜 산으로 넘치지 않을까? 그런데 짜기는 왜 이렇게 짤까? 왜 수평선이라는 게 있는 것일까? 도대체 수평선 너머엔 무엇이 있을까? 갈매기는 물고기들처럼 바닷속에서는 살 수 없는 것일까? 저 설악산에는 무엇이 있을까? 갈매기들은 왜 산에 가서 살지 못하는 것일까? 나도 사람들이 가장 많이 모여 산다는 서울에 가서 한번 살아봤으면······.'

흰수염갈매기의 이런 생각은 끝이 없었다. 그래서 그런지 그는 어린 갈매기들한테 잔소리 또한 많이 했다.

"이건 시커멓게 기름이 묻었잖아. 이런 건 먹지 마. 배탈 나."

"그까짓 오징어 다리 하나 가지고 서로 먹겠다고 싸우다니, 쯧쯧, 또 그러면 내가 아주 혼을 내줄 거야. 알았지?"

"비닐 조각이나 나무토막도 먹으면 안 돼. 잘못하다가는 목구멍이나 모래주머니가 막혀 죽는 수가 있어."

"어허, 발목에 끈이나 줄 같은 게 걸리지 않도록 조심하라니까! 발가락에 줄이 감기면 나중에 피가 안 통해서 발가락이 끊어져버린단 말이야!"

흰수염갈매기는 어린 갈매기들을 만나기만 하면 늘 이런 잔소리를 늘어놓았다.

처음에는 그의 잔소리가 듣기 싫어 그를 가까이하지 않는 갈매기들이 많았다. 그러나 나중에는 그의 잔소리를 듣기 싫어하는 갈매기들이 별로 없었다. 실제로 그의 말을 듣지 않고 제 마음대로 행동하다가 다치거나 죽는 갈매기들의 수가 자꾸 늘어나 대부분 그의 말을 잘 따랐다.

그러나 사고는 끊이지 않았다. 흰수염갈매기는 어린 갈매기들이 사고로 죽을 때마다 마음이 아파 견딜 수가 없었다.

"사람들의 위험으로부터 벗어날 수 있는, 우리 갈매기들끼리만 마음놓고 살 수 있는, 그런 세상을 만들 수는 없을까?"

흰수염갈매기는 갈매기들이 사고를 당할 때마다 늘 그런 생각을 해보았으나 그것은 한낱 헛된 꿈일 뿐, 별다른 생각이 떠오르지 않았다. 그저 부지런히 어린 갈매기들을 찾아다니며 조심하라고 잔소리를 늘어놓는 수밖에 없었다.

그런 어느 날이었다. 흰수염갈매기는 친구들을 따라 동해안 한가운데 있는 솔섬이라는 섬으로 날아가 보았다.

"사람들로 북적대는 위험한 부둣가를 떠나, 고요한 섬을 한번 찾아가 보자."

친한 친구인 흰눈썹갈매기와 노랑부리갈매기가 그런 말을 하자 얼른 친구들을 따라나섰다.

솔섬은 푸른 소나무로 빙 둘러싸여 있는 참 아름다운 곳이었다. 소나무 가지 사이로 얼핏얼핏 보이는 푸른 바다가 너무나 아름다웠다. 군데

군데 사람들이 모여 사는 마을이 있었지만, 고기잡이배들이 한데 모이는 부둣가보다는 한결 깨끗하고 위험 또한 덜했다.

흰수염갈매기는 신이 나서 파도에 발목을 적시고 또 적셨다. 달빛같이 고운 모래 위를 걷고 또 걸었다. 솔섬의 가장 높은 바위 위에 앉아 멀리 수평선을 바라보고 또 바라보았다.

흰수염갈매기는 한없이 행복했다.

"바다는 누가 만들었을까?"

흰수염갈매기는 너무 행복한 나머지 자신도 모르게 이렇게 중얼거렸다. 그러자 옆에 있던 흰눈썹갈매기가 말했다.

"그야, 하느님이 만들었지."

"그럼 이 섬은 누가 만들었을까?"

"그것도 물론 하느님이지."

"그래? 그럼 우리도 하느님한테 섬 하나 만들어달라고 하면 안 될까?"

흰수염갈매기가 그렇게 말하자 이번에는 노랑부리갈매기가 깔깔 웃음을 터뜨렸다.

"하하하, 넌 아직도 그런 엉뚱한 생각을 하는 못된 버릇을 안 고쳤구나. 이제 제발 정신 좀 차려. 어린 갈매기들 보기에 창피하지도 않니?"

흰수염갈매기는 노랑부리갈매기의 말은 아랑곳하지 않고 멀리 수평선만 바라보았다.

흰수염갈매기는 갈매기들만이 살 수 있는 아름다운 섬을 하나 갖고 싶었다. 어린 갈매기들이 마음껏 날아다녀도 아무런 위험이 없는, 그런 섬이 있다면 얼마나 좋을까 하는 생각에 그대로 가만히 있을 수가 없었다.

'그래, 하느님한테 한번 부탁을 해보는 거야! 사람들한테만 섬을 만들어주지 말고, 우리 갈매기들한테도 섬을 하나 만들어달라고 부탁을 하는 거야!'

흰수염갈매기는 노을지는 수평선을 바라보며 하느님께 간절히 기도를 올렸다.

"하느님! 우리 갈매기들이 평화롭게 살 수 있는 섬을 하나 만들어주세요. 사람들이 사는 곳은 우리 갈매기들이 살기에는 너무나 위험해요. 얼마 전엔 기름을 잔뜩 실은 유조선이 바다에 침몰되는 바람에 바다가 온통 기름투성이가 되었다는 걸 하느님도 잘 아시잖아요. 기름에 빠져 죽은 갈매기들이 한두 마리가 아니에요."

흰수염갈매기의 간절한 기도에도 하느님은 아무런 대답이 없었다. 그래도 흰수염갈매기의 기도는 계속되었다.

"하느님, 정말 그렇게 모른 척하시기예요? 무슨 말이라도 한마디 해주세요!"

한 달이 지나고 1년이 지나고 2년이 지나도 하느님은 아무런 대답이 없었다.

흰수염갈매기는 참 슬펐다. 침묵하는 하느님이 원망스러웠다.

그러던 어느 새해 아침이었다. 흰수염갈매기는 동해의 수평선 위로 떠오르는 붉은 해를 바라보며 두 손 모아 기도를 하다가 퍼뜩 이런 생각이 들었다.

'그래, 맞아! 하느님한테 부탁만 하고 있을 게 아니라, 내가 내 힘으로 섬을 하나 만드는 거야. 바닷가의 모래를 물어다가 바다를 메우는 거야!'

흰수염갈매기는 그날부터 당장 모래로 바다를 메우는 일을 시작했다.

"갈매기들아, 우리 다 같이 힘을 합쳐 바다를 메우자! 바다를 메워 우리 갈매기들만 사는 아름다운 섬을 하나 만들어보자!"

흰수염갈매기가 다른 갈매기들에게 이렇게 소리쳐도 그의 말에 귀기울이는 갈매기는 아무도 없었다.

"너 정말 웃기는구나. 제발 정신 좀 차려!"

흰눈썹갈매기도 노랑부리갈매기도 그저 비웃고 조롱할 따름이었다. 그러나 흰수염갈매기는 친구들이 아무리 놀리고 비웃어도 아랑곳하지 않았다. 10년이 지나고 20년이 지나도 결코 포기하지 않았다.

지금도 동해안 바닷가에 가면 모래를 입으로 물어다 바다를 메우는 흰수염갈매기 한 마리를 볼 수 있다.

그림 밖으로 날아간 새

　개펄이 펼쳐진 바닷가 풍경을 그린 그림 속에 붉은 도요새 한 마리가 살고 있었다. 그림 한쪽 모서리 조그만 갯바위 위에 앉아 있는 도요새는 늘 그림 밖으로 날아가고 싶었다.
　'아, 나도 저 푸른 바다 위로 한번 날아가 봤으면……'
　도요새는 다른 바닷새들처럼 날개를 활짝 펼치고 수평선 위로 마음껏 한번 날아보는 게 소원이었다. 그래서 하루는 자기를 그린 화가에게 그림 밖으로 날아가게 해달라고 애원했다.
　"아저씨! 저를 그림 밖으로 좀 끄집어내 주세요. 저를 그리셨으니 저를 날게 할 수도 있잖아요?"
　도요새의 간절한 호소에도 불구하고 화가는 완강했다.
　"안 돼! 넌 그림 속에 그대로 그렇게 앉아 있어. 그게 너의 운명이야!"
　화가는 더 이상 말도 못 붙이게 버럭 소리를 내질렀다.

그래도 도요새는 너무나 날고 싶은 마음에 화가에게 다시 매달렸다.
"한 번만이라도 좋아요. 단 한 번만이라도 날게 해주세요."
"글쎄, 안 된다니까 그래!"
화가는 화가 난다는 듯 손에 든 붓을 힘껏 움켜쥐었다.
"한 번만 더 그런 말을 하면 아예 이 붓으로 널 지워버릴 거야. 그러면 넌 이 세상에서 영영 사라지는 거야. 그래도 좋겠어?"
도요새는 슬펐다. 더 이상 아무 말도 못하고 그림 속 갯바위 위에 우두커니 앉아 있었다.
어느새 밤하늘엔 별들은 찬란했다. 도요새는 눈물을 거두고 어떻게 하면 하늘 높이 떠 있을 수 있느냐고 별들에게 물어보았다. 별들은 다들 모른다고 고개를 저었다.
도요새는 새벽녘까지 잠을 자지 않고 있다가 먼동이 틀 때까지 마지막으로 남아 있는 샛별에게 다시 물어보았다.
"샛별아, 어떻게 하면 내가 그림 밖으로 날아갈 수 있을까? 그 방법을 알면 좀 가르쳐줄 수 없겠니?"
"음, 그건……."
샛별은 한동안 입을 다물고 있다가 조심스럽게 입을 열었다.
"그건 참 어려운 일이기도 하고, 참 쉬운 일이기도 해. 네가 진정으로 누구를 사랑할 수만 있다면, 그림 밖으로 날아갈 수 있어."
그날 이후 도요새는 그림 속에 있는 모든 것들을 다 사랑했다. 폐선이 된 고깃배와, 멀리 무인도에 사는 소나무와 갈매기와, 개펄 속에 사는 갯지렁이까지도 다 사랑했다.

그러나 도요새는 그림 밖으로 날아갈 수 없었다. 날개를 한 번 펼쳐보자 미동도 하지 않았다. 그래서 이번에는 그림 밖 화실에 사는 전화기와 인형과 꽃병과, 심지어 도둑고양이와 바퀴벌레까지도 다 사랑했다. 그래도 도요새는 그림 밖으로 날아갈 수 없었다.

도요새는 다시 슬픔에 빠졌다. 샛별을 원망하는 마음이 가득 차 올랐다.

"샛별아, 네가 말한 대로 사랑할 수 있는 모든 것들을 다 사랑하는데도 그림 밖으로 날아갈 수가 없어. 혹시 너 나한테 거짓말 한 거 아니니?"

"아니야, 그건 네가 쉽게 사랑할 수 있는 것들만 사랑하기 때문이야. 그건 진정으로 사랑하는 게 아니야."

샛별은 자신을 원망하는 도요새를 측은한 눈길로 쳐다보았다.

"그럼 어떻게 하면 진정으로 남을 사랑할 수 있니?"

"그건 나도 잘 몰라. 네 스스로, 네 힘으로 깨달아야 하는 거야."

도요새는 답답했다. 무엇을 어떻게 스스로 깨달아야 하는지 알 수가 없어 매일 바다만 바라보았다.

멀리 무인도에는 붉은부리갈매기들이 날고 있었다. 언제부터인가 갈매기들이 절벽의 갈라진 틈새에 알을 낳더니, 어느새 새끼갈매기들이 알에서 부화하고 있었다.

도요새는 마음껏 하늘을 나는 갈매기들이 부러워 한 순간도 갈매기들한테서 눈을 떼지 않았다. 알에서 깨어난 새끼 갈매기들은 아직 날지는 못했지만, 어미 갈매기가 물어다주는 먹이를 입을 쫙쫙 벌리고 잘도 받아먹었다.

그런데 하루는 무슨 일이 일어났는지 하루종일 어미 갈매기가 보이지 않았다. 새끼 갈매기들은 저녁 무렵쯤 되자 배가 고파 둥지 밖으로 몸을 거의 반쯤이나 내밀고 짹짹거렸다.

"참 이상한 일이군. 이런 일이 한 번도 없었는데…… 무슨 사고를 당한 건 아닐까?"

도요새는 그런 생각을 하며 여전히 새끼 갈매기한테서 눈을 떼지 않고 있었다. 그런데 그때 너무 배가 고픈 탓이었을까? 새끼 갈매기 한 마리가 그만 몸의 균형을 잃고 둥지 밖 절벽 아래로 툭 떨어졌다.

순간, 도요새는 자신도 모르게 그림 밖으로 날아갔다. 오직 새끼 갈매기를 살려야겠다는 생각뿐이었다.

모정

 산불은 좀처럼 수그러들지 않았다. 봄 가뭄이 심한 탓에 한번 일기 시작한 불길은 좀처럼 잡히지 않았다. 더구나 어둠이 곧 산을 덮쳐버리고 바람까지 부는 바람에 마을 사람들은 벌겋게 치솟아 오르는 불길을 망연히 쳐다보고만 있었다. 왜 누가 잘못해서 산불이 났는지 따질 기력조차 없었다. 다들 불길이 더 이상 번지지 않기만을 간절히 바랄 뿐이었다.

 산불은 이튿날 오후 늦게까지 계속되었다. 뒤늦게나마 소방서에서 출동하지 않았다면 산불은 사나흘이나 더 계속되었을지도 모를 일이었다.

 이튿날, 마을 사람들 몇몇은 산불이 지나간 산을 올랐다. 새까맣게 타버린 산 곳곳에서 아직 채 꺼지지 않은 검은 연기가 피어올랐다. 늘 맑고 깨끗하던 햇살마저도 시꺼멓게 타올라 매캐한 냄새를 피워 올렸다. 산을 온통 붉게 물들이던 진달래와 푸른 하늘을 자유로이 날던 새들은 다 어디로 갔는지 어디에도 보이지 않았다. 타다 남은 나무들의 모습 또한 처

참했다. 인간의 죽음인들 저토록 처참할 수 있을까 싶었다.

산을 오르는 마을 사람들의 마음은 참담했다. 다들 조상들 뵐 낯이 없었다. 풀 한 포기 없이 새까맣게 타버린 산도 산이지만 조상들을 모신 무덤마저 타버렸을까 걱정이었다.

그런데 물 한 방울 없이 바싹 마른 골짜기를 지날 때였다. 까투리 한 마리가 불에 탄 채 앉아서 죽어 있는 모습이 마을 사람들의 눈에 띄었다.

"어허, 이 까투리 좀 보게."

"제 짝은 어디 두고……."

"정말 애처로우이."

마을 사람들은 가슴이 저민 나머지 다들 한 마디씩 입을 열었다.

너무 마음이 저린 탓이었을까. 누군가가 들고 있던 지겟작대기로 조심스럽게 까투리를 툭 건드려 눕혀주었다.

그러자 까투리 품속에서 새끼들이 나와 뿔뿔이 흩어졌다. 그 죽음의 불길 속에서도 까투리 새끼들은 죽지 않고 살아 있었던 것이다.

마을 사람들은 놀라다 못해 숙연한 느낌에 사로잡혔다. 그것은 까투리가 새끼들을 살리기 위해 불에 타죽으면서까지 새끼들을 품속에 품고 있었던 것이 분명했기 때문이었다.

댓잎뱀장어의 삶

그는 어릴 때부터 남을 탓하기를 좋아했다. 잘되는 일은 자기 탓이고 못 되는 일은 조상 탓이라더니, 그는 무슨 일이든 잘못되는 일이 있으면 꼭 다른 데에다 그 원인을 돌렸다.

처음 대학 입학시험에 떨어졌을 때에는 집안이 가난해서 떨어졌다고 생각했다. 그 흔한 과외 한 번 제대로 못해봤기 때문에 재수생이 되었다고 가난한 부모를 원망했다. 대학에 들어가서 첫사랑에 실패했을 때에는 가난이 원수라고 생각했다. 시골 농투성이의 장남이라는 사실을 알고 여자가 자기를 떠나버렸다고 생각했다.

그후 대학을 졸업하고 어느 중소기업에 취직했을 때에도, 승진에서 번번이 누락되었을 때에도, 아이들이 지지리 공부를 못할 때에도, 친구의 빚 보증을 섰다가 아파트까지 날려버렸을 때에도, 그 모든 원인을 가난한 농사꾼의 아들로 태어난 데에다 두었다.

그는 갈수록 고향과 부모형제를 싫어했으며, 자신의 환경과 처지를 한탄했다. 그러나 그에게는 불행한 일들만 연이어 일어났다. 아내가 자궁암으로 일찍이 세상을 떠났으며, 재혼한 여자마저도 남의 자식을 키우는 일이 보통 힘든 일이 아니라면서 그를 떠났다.

그는 세상에 자기만큼 불행한 사람은 없다고 생각하고 허구한 날 술로 세월을 보냈다. 마치 인생을 포기한 사람 같았다.

그런 어느 날, 그는 우연히 텔레비전에서 민물고기에 관한 다큐멘터리 한 편을 보게 되었다. 그것은 어린 뱀장어에 관한 것이었다. 그때 그는 어린 뱀장어에 관해 설명하는 어느 어류학자의 말을 듣고 자신을 크게 뉘우치지 않을 수 없었다.

"우리는 아무리 불우한 환경에 처해 있다고 해도 그 환경이나 처지를 탓할 것이 못 됩니다. 이 어린 뱀장어를 한번 보십시오. 심해에서 갓 태어난 이 어린 뱀장어는 태어나자마자 부모를 잃어버리고 맙니다. 산란을 마치면 어미 뱀장어가 곧 죽어버리기 때문에, 어린 뱀장어만 살아서 난류를 따라 대륙 연안으로 2~3년에 걸쳐 긴 여행을 떠납니다. 이때 어린 뱀장어는 백색의 반 투명체로, 물의 중압에 눌려 모양이 댓잎과 같아지기 때문에 이를 댓잎뱀장어라고 부릅니다.

그러나 댓잎뱀장어는 깊은 바닷속에서 태어난 자신의 환경을 결코 탓하지 않습니다. 그 못 견딜 괴로움을 참아내면서 스스로 자신의 삶을 찾아나갑니다. 온갖 고통을 다 견디고 차차 강어귀로 찾아들면서 몸이 볼록해지고 본격적인 뱀장어가 됩니다. 우리도 이와 같이 어린 댓잎뱀장어처럼 꾸준히 스스로의 삶을 참고 견디고 전진하는 데에서 삶이 꽃피고 본격적인 인간이 될 수 있을 것입니다."

가장 아름다운 꽃

남편이 죽었다. 결혼한 지 1년도 채 되지 않아 교통사고로 사랑하는 남편이 저 세상 사람이 되었다. 새벽에 경부고속도로에서 대형 트럭이 남편의 차를 들이받아 버렸다.

눈물도 나지 않았다. 정신이 없는 가운데 장례를 치렀다. 많은 사람들이 위로의 말을 건네며 남편의 죽음을 기정 사실화했으나 인정할 수가 없었다. 여름 휴가 때 첫아들을 안고 고향의 바닷가를 찾자고 하던 말만 떠올랐다.

그녀는 임신 중이었다. 도대체 하느님을 이해할 수가 없었다. 정말 원망스러웠다. 가난했지만 착한 마음으로 열심히 세상을 살려고 노력하던 남편이었다.

다니던 성당에 발길을 끊었다. 그리고 고통 가운데서 해산을 했다. 남편이 바라던 대로 아들이었다.

그녀는 아들을 안고 남편의 고향을 찾았다. 동해가 보이는 산자락에 남편은 잠들어 있었다. 그녀는 포대기를 열어 남편이 잠든 무덤을 아기에게 보여주었다. 파도 소리는 끊이지 않았다. 남편을 일찍 데려간 하느님이 다시 원망스러웠다. 아들을 얻은 기쁨보다 남편을 잃은 슬픔이 더욱 컸다.

"오늘이 일요일인데 왜 성당에 가지 않느냐?"

산을 내려오자 시아버지가 그녀를 불렀다. 정이 넘치는, 햇살같이 따스한 음성이었다.

"나가기 싫어서요, 아버님."

"왜?"

"그이를 일찍 데려간 하느님이 원망스러워요."

"이렇게 어여쁜 아들을 줬는데도?"

"네, 그래도 원망스러워요."

그녀가 말도 채 끝내지 못하고 눈물을 글썽이자 시아버지가 그녀를 마당 앞 꽃밭으로 데리고 갔다. 꽃밭에는 장미와 달리아, 채송화와 맨드라미 등이 활짝 피어 있었다.

"여기에서 꺾고 싶은 꽃을 하나 꺾어보거라."

시아버지가 무겁게 입을 열었다.

그녀는 가장 아름답게 핀 장미꽃 한 송이를 꺾었다.

그러자 시아버지가 다시 입을 열었다.

"그것 봐라, 내 그럴 줄 알았다. 우리가 정원의 꽃 중에서 가장 아름다운 꽃을 꺾어 꽃병에 꽂듯이, 하느님도 가장 아름다운 인간을 먼저 꺾어 천국을 장식한단다. 애야, 이제 너무 슬퍼하지 말거라."

땅 위의 직업

강원도 사북에 간 김기자는 막장 광원 김장순 씨를 따라 수직갱으로 들어갔다. 먼저 탈의실에 들어가 작업복으로 갈아입고, 헤드 램프가 달린 헬멧을 쓴 뒤, 작업용 엘리베이터를 타고 지하 700미터 아래로 내려갔다. 그리고 그곳에서 다시 갱차를 타고 수평으로 1,200미터까지 가서, 다시 갱 속으로 천천히 걸어 들어갔다.

미로와 같은 갱 속은 춥고 어두웠다. 지하 사무실에서 막장으로 가는 지도를 보았으나 어디가 어딘지 알 수 없었다. 갱 양편으로는 탄가루가 섞인 검은 지하수가 급히 흘러갔다. 갱 바닥은 탄가루와 물이 뒤범벅이 돼 장화 신은 발이 푹푹 빠졌다. 김기자는 오직 헬멧에 부착된 희미한 불빛만 의지하고 김장순 씨의 뒤를 따라갔다.

그렇게 한 30여 분쯤 걸었을까. 더 이상 갱도가 없는 곳이 나타나고, 갱벽 한가운데를 비스듬히 위로 뚫은 새로운 갱도 하나가 나왔다. 두세 사람 정도 겨우 드나들 수 있을 만큼 좁은 갱 속을 제대로 고개도 들지 못하고 거의 기어가다시피 하면서 들어가 보니 그곳이 바로 지하 막장이었다.

광원들은 좌우로 버팀목을 세우며 안으로 안으로 파 들어가고 있었다. 김장순 씨가 한 번씩 곡괭이를 내리찍을 때마다 탄덩이가 떨어져나왔고, 그 탄덩이는 경사진 배출구를 통해 갱도 밖으로 쏟아져나갔다.

김기자는 곡괭이질을 하는 김장순 씨를 지켜보며 막장에 널브러져 있는 버팀목 위에 가만히 앉아 있었다. 막장 안은 지열 때문인지 몹시 더웠다. 가만히 앉아 있기만 해도 땀이 흐르고 가슴이 답답했다. 아무도 없는 땅속 저 깊은 곳, 어딘지도 모르는 한 지점에 한 마리 바퀴벌레처럼 혼자 멍하니 앉아 있는 기분이었다.

"막장에서는 잠을 못 자게 합니다. 담배도 못 피우지요. 그런데 어떤 때는 앉은 채로 깜빡 졸 때도 있습니다."

김기자는 곡괭이질을 하는 중간중간에 한마디씩 던지는 김장순 씨의 말이 제대로 들리지 않았다. 그를 취재한다는 것이 자기로서는 너무 건방진 일이라는 생각이 들어 부끄러웠다.

김장순 씨가 막장을 나온 것은 점심 시간이었다. 그는 다시 갱 속에 있는 지하 사무실로 가 그곳에 보관해 둔 도시락을 꺼내 먹었다. 어둠 속에서 손도 씻지 않고 작업복도 입은 채 그대로였다.

"드세요. 우린 여기서 이렇게 점심을 먹습니다. 그래도 이때가 가장 기다려지는 시간입니다."

김장순 씨가 김기자의 몫으로 싸온 도시락을 건네주면서 허옇게 이빨을 드러내었다. 김기자는 김장순 씨가 건네준 도시락을 먹으면서, 광원이 된 지 몇 해나 되는가, 고향의 농협 빚은 언제 다 갚는가 등의 질문을 던졌다. 그러다가 소원이 있다면 무엇이냐고 물었다. 그러자 김장순 씨가 이렇게 말했다.

"그건 물론 땅 위의 직업을 갖는 것이지요. 땅 위에서 일하는 사람들은 자기들의 직업이 얼마나 좋은 것인지를 잘 몰라요."

촛불

어둠을 싫어하는 왕이 있었다.

어느 날 왕은 어둠이 몰려오는 저녁이 되자 몽둥이를 꺼내 어둠을 내리쳤다. 그러나 아무리 몽둥이로 내리쳐도 어둠은 물러가지 않았다.

왕은 많은 군사들을 풀어 칼과 몽둥이로 어둠을 내리치도록 명령했다. 그러나 군사들 또한 어둠을 내리쳐도 어둠은 물러가지 않았다.

왕은 속이 상했다. 어둠에 대한 분노가 치밀어올랐다.

그때 어린 왕자가 촛불을 들고 왕에게 다가왔다.

어둠은 금세 사라졌다.

청둥오리의 노력

 그는 이제 아침이 밝아오는 게 두렵다. 아침에 옷을 입고 가방을 들고 어디론가 밖으로 나가야 한다는 사실이 고통스럽다. 아침에 아이들과 같이 서둘러 집을 나서도 그는 이제 어디 갈 곳도 없다.
 직장을 가질 수 없게 된 이후 처음 한 달 동안은 열심히 사람들을 만나러 다녔다. 하늘은 스스로 돕는 자를 도우므로, 스스로 할 일을 찾아 이리저리 돌아다녔다. 그러나 아무리 돌아다녀도 어디 마땅한 일자리가 없었다. 조그만 가게라도 하는 자영업을 생각해 보지 않은 것은 아니었으나 생각보다 자본이 엄청나게 들어 엄두도 낼 수 없었다.
 그렇다고 해서 허구한 날 집구석에 처박혀 있을 수도 없었다. 아직 아내와 아이들한테는 직장생활을 할 수 없게 되었다는 사실을 확실하게 이야기하지 않아 적어도 겉으로는 예전과 다름없이 아침 출근이 되풀이되었다. 이제는 친한 친구를 만나 술이라도 한잔 하려고 해도 친구가 퇴근

할 때까지 어디에서 시간을 보내느냐 하는 게 가장 큰 문제였다.

처음에는 소월로 쪽으로 해서 남산 팔각정까지 걸어서 올라가 보기도 하고, 독일문화원이나 일본문화원에서 무료로 상영하는 영화를 보러 다니기도 해보았으나 이제는 그럴 수도 없었다. 전철을 타고 수원이나 안산이나 오이도 쪽으로 나가 들판을 걸어보는 일도 이제는 지겨웠다. 오직 가슴에 쌓이는 것은 세상에 대한 피로감과 절망감과 흐르는 시간뿐이었다.

그런 어느 날, 그는 우연히 종로거리를 걷다가 종묘로 해서 창경궁으로 가게 되었다. 겨울날치고는 햇살이 참 따스한 날이어서 그런지 앙상한 나뭇가지에 앉아 우는 까치 소리마저 반갑고 푸근했다.

그는 임금이 용상에 앉아 정사를 보던 명정전과 숭문당 등을 천천히 둘러보고 식물원으로 가 난 향기를 흠뻑 들이마셨다. 그리고 춘당지라는 이름의 연못가 바위 한쪽에 걸터앉아 물끄러미 연못을 쳐다보았다.

물 위에는 청둥오리 몇 마리가 고요히 떠 있거나 이리저리 물결을 따라 조금씩 움직이고 있었다.

"저 청둥오리들이 이제 텃새가 다 되었어요. 아예 오리농장에서 수백 마리씩 키우기도 하지요."

누군가 말을 걸었다. 언뜻 눈치로 봐서 그와 비슷한 처지에 있는 사내인 듯싶었다.

"아, 네에, 철새가 텃새가 되기도 하는군요."

그는 사내가 민망해할까 봐 입을 열었다. 그러자 사내가 혼잣말하듯 다시 그에게 말을 던졌다.

"저 녀석들, 아주 평화로워 보이죠?"

"그렇군요. 아주 평화롭고, 유유자적, 우리 인간들보다 더 행복해 보이는군요."

그가 담배를 꺼내 불을 붙이면서 대꾸를 했다. 그러자 사내도 그때서야 생각났다는 듯 담배를 꺼내들고 말을 이었다.

"언뜻 보기엔 청둥오리가 물위에 아주 쉽게 떠 있는 것 같지만 실은 그렇지 않아요. 물밑에서는 양다리를 필사적으로 놀리면서 헤엄을 치고 있어요. 나는 일이 잘 안 풀릴 때나 가슴이 답답할 때 저 녀석의 저런 모습을 보러 가끔 여기에 옵니다. 저 녀석을 보면서 이 세상에 노력하지 않고 얻어지는 것은 단 한 가지도 없다는 걸 새삼 깨닫곤 하지요. 청둥오리가 물위에 우아하게 떠 있다는 것과 전력을 다해 물을 헤쳐나간다는 것은 기본적으로 한 가지 사실이면서도 동시에 두 가지 사실이지요. 그런데 우리는 늘 한 가지 사실만 보고 부러워한답니다. 저 녀석이 물에 떠 있기 위하여 얼마나 힘들겠어요."

그는 사내의 말에 뭐라고 대꾸하기가 힘들었다. 그러나 자신도 모르게 '나도 열심히 포기하지 말고 살아야겠구나' 하는 생각을 하고 있었다.

타조의 꿈

타조라면 누구나 꾸는 꿈, 그것은 두말할 필요도 없이 다른 새들처럼 훨훨 하늘을 나는 일이다. 그러나 대부분의 타조들은 그런 꿈을 꾸었다가 곧 포기하고 만다. 이미 많은 타조들이 날기 위하여 있는 힘을 다해 달려나갔다가 그대로 벼랑 아래로 떨어져 죽었다는 사실을 너무나 잘 알고 있기 때문이다.

그러나 유독 한 마리 타조만은 하늘을 나는 꿈을 포기하지 않았다. 전설처럼 내려오는 조상들의 이야기, 조상들이 예전에 새처럼 훨훨 하늘을 날았다는 이야기를 그는 굳게 믿고 있었다. 그러나 아무리 노력하고 굳게 믿고 있어도 그 노력과 믿음이 그를 날 수 있게 해주지는 않았다.

타조는 절망한 나머지 바람 부는 어느 날 노을 지는 들판에 서서 하느님께 물었다.

"하느님, 어떻게 하면 나도 다른 새처럼 하늘을 날 수 있을까요? 왜 우리는 날지 못하는 새로 만드셨나요?"

하느님은 아무런 대답을 하지 않았다. 그저 들판에 세찬 바람만 실어 나를 뿐 아예 그를 쳐다보지도 않았다. 그런데 그때 바람을 타고 독수리 한 마리가 그의 곁에 날아와 날개를 접었다.

"독수리야, 어떻게 하면 나도 너처럼 날 수 있을까? 우리는 똑같은 새가 아니니?"

그는 부러운 눈으로 뚫어져라 독수리의 날개를 쳐다보았다.

"하하, 그건 쉬운 일이야. 나를 한번 사랑해 봐."

독수리가 그건 정말 아무 일도 아니라는 듯 싱글벙글 웃는 얼굴로 말했다.

"농담하지 마."

"농담이 아니야."

"그럼 널 사랑하면 정말 날 수 있어?"

"그럼! 그렇지만 날 사랑하려면 고통이 많이 따를 거야."

"괜찮아. 날 수만 있다면 어떠한 고통이라도 달게 받겠어."

타조는 죽어 지옥에 가는 일이 있더라도 날 수만 있다면 그 어떠한 고통이라도 달게 받을 수 있을 것 같았다.

그후 많은 시간이 지났다. 타조는 늙어 조금만 달려도 숨이 찼다. 시속 160킬로미터로 달리던 때야말로 젊음을 만끽하던 시절이었다.

"타조야, 넌 지금도 나를 사랑하니?"

하루는 독수리가 타조한테 와서 물었다.

"그래, 사랑해."

"아직까지 날지도 못하는데도?"

"그래, 그래도 사랑해."

타조는 독수리를 사랑했음에도 불구하고 날 수 없다는 사실에 한편 독수리가 미웠으나 그를 사랑한다고 말했다. 하늘을 나는 꿈만은 포기할 수 없었던 탓이었다.

"아니야, 타조 넌 나를 사랑하는 게 아니야. 날고 싶다는 너의 욕망을 사랑하는 거야. 그래 가지고는 날 수가 없어. 나를 진정으로 사랑할 때만이 넌 날 수 있어. 사랑에는 조건이 없어야 해. 사랑에는 희생이 따른단 말이야. 넌 그걸 몰라. 우리를 사랑하는 하느님의 사랑을 봐. 맹목적인 부분이 있잖아. 순수한 사랑에는 어느 정도 맹목성이 있어야 해. 고통까지도 받아들이는 그런 사랑 말이야. 그런데 넌 그렇지 못해. 그래서 날지 못하는 거야."

독수리는 열심히 이야기를 했으나 예전과 달리 목소리에 힘이 없었다. 독수리도 이미 날개가 처지고 늙어가고 있었다.

그후 독수리는 더욱 늙어갔다. 어느덧 독수리는 앞이 보이지 않게 되었다. 눈먼 독수리는 제대로 먹이를 찾지 못했다. 하이에나가 먹다 남긴 사슴 고기가 어디 있는지조차 찾지 못했다.

독수리는 점점 피골이 상접해 갔다.

"타조야, 나 배가 고파 죽겠다. 참으로 염치없는 말이지만, 네가 만일 아직도 나를 사랑한다면 네 허벅지 살을 한 조각 뜯어먹게 해주겠니?"

하루는 배가 고파 더 이상 참을 수 없게 된 독수리가 타조를 찾아가 겨우 입을 열었다.

"좋다. 먹어라."

타조는 자신의 한쪽 다리를 독수리에게 내어주었다. 독수리는 타조의 한쪽 다리를 허겁지겁 먹어치웠다.

얼마 뒤 독수리가 또 타조를 찾아와 부탁했다. 나머지 한쪽 다리도 먹을 수 있도록 해달라는 간절한 부탁이었다.

타조는 기가 막혔지만 독수리가 곧 죽을 것만 같아 나머지 다리 한쪽도 내어주었다.

두 다리를 다 잃게 된 타조는 더 이상 걸을 수가 없어서 몸통으로 땅바닥을 기어다녔다. 그러자 다른 타조들이 그를 보고 놀려대었다.

"날기는커녕 이제 다리마저도 잃게 되었구나, 이 병신아!"

다른 타조들의 손가락질은 끝이 없었다.

그는 슬펐다. 다른 타조들이 보란 듯이 최고 속력으로 달리는 것을 멍하니 쳐다보다가 이제 하늘을 나는 자신의 꿈을 포기할 때가 되었다고 생각했다.

그는 며칠 동안 잠을 이루지 못하다가 그 꿈을 포기해 버리고 말았다. 그러자 더 이상 살고 싶은 생각이 없었다. 그는 천천히 있는 힘을 다해 벼랑을 향해 기어가 그대로 벼랑 아래로 자신을 떨어뜨려 버렸다.

그런데 이게 웬일이란 말인가. 그는 죽지 않고 유유히 하늘을 날고 있었다. 멀리 땅 위에서 이리저리 뛰어다니는 타조들의 모습이 한눈에 다 내려다보이는 것을 보고 그는 놀라지 않을 수 없었다. 독수리에게 두 다리를 다 줘버렸을 때 하느님이 그를 어여삐 여겨 날 수 있는 힘을 날개에 부여해 주었다는 사실을 그는 그때까지도 잘 알아차리지 못하고 있었다.

기다림 없는 사랑은 없다

　나는 영지못이다. 나는 이제 석가탑과 다보탑을 만들었던 아사달의 아내 아사녀의 이야기를 여러분들에게 새로이 들려줄 필요가 있다. 아사녀를 불행하게 만든 것은 남의 불행을 즐기려는 사람들의 단순한 이기심의 발로일 뿐, 아사녀는 사실 석가탑의 그림자가 비칠 때까지 기다리지 못하고 못에 빠져 죽은 것이 아니다. 기다림 없는 사랑이 없다는 것을, 진정한 사랑에는 진정한 기다림이 따른다는 것을 아사녀도 잘 알고 있었다. 이야기는 내가 처음 아사녀를 만나던 날부터 해나가는 것이 좋겠다.

　그날 나는 간밤에 내린 단비로 못을 가득 채우고 마음이 흐뭇해져 있었다. 논에 볍씨를 뿌릴 때가 지났는데도 비가 오지 않아 발을 동동 구르며 걱정하던 마을 사람들도 한밤 내내 비가 쏟아져 모두들 한없이 기뻐하고 있었다.

　그런데 그날 저녁나절이었다. 마을 사람들이 논에 볍씨를 뿌리고 다들 집으로 돌아갈 준비를 하고 있을 때였다. 멀리 논길을 따라 한 여인이 보퉁이를 들고 비틀거리는 걸음걸이로 걸어오는 게 보였다.

나는 처음엔 이웃 동네 사람인가 하고 그냥 무심코 지나쳐버렸으나 가까이 오는 것을 보니 못 보던 웬 젊은 여인이었다. 그녀는 먼길을 왔는지 옷은 흙투성이였으며 금방이라도 곧 쓰러질 것만 같았다.

"저어, 말씀 좀 여쭙겠습니다. 여기, 이 못 외엔 다른 못이 없는지요?"

여인이 논에서 물꼬를 막고 있던 김노인한테 조심스럽게 다가가 말을 걸었다.

"그렇소, 왜 그러시오?"

"불국사 문지기가 말하기를, 남쪽으로 10리쯤 떨어진 곳에 못이 하나 있다고 해서 찾아왔습니다만 여기가 맞는지요?"

"그렇소만 어디서 오셨소?"

"저는 백제의 서울이었던 부여에서 왔습니다. 제 지아비가 지금 불국사에서 석수장이로 일하고 있는데, 만나러 왔다가 만나지는 못하고 바로 이곳으로 왔습니다. 탑이 다 완성되면 못에 탑 그림자가 비친다고 해서요. 탑 하나는 다 만들어서 지금 그림자가 비친다고 합니다."

"아, 그렇소? 당신이 그 유명한 석수장이 아사달의 아내요?"

"그렇습니다. 아사녀라 하옵니다."

"어허, 남편을 찾아 그 먼 곳에서 혼잣몸으로 오셨구려. 딱도 하시오. 그래, 남편은 왜 못 만났소?"

"여자는 부정탄다고 절간으로 들어갈 수 없다고 합니다."

"저런 저런, 먼길을 고생고생해서 왔는데……. 그럼 여기서 기다리는 수밖에 없겠소. 날이 밝을녘엔 여기 이 못에 다보탑의 그림자가 어려요. 지금은 땅거미가 지기 시작해서 탑 그림자가 사라졌소. 내일 아침에 해가 뜨면 다시 보일 거요."

"네에, 말씀해 주셔서 감사합니다."

여인은 고개를 숙여 김노인한테 인사를 한 뒤 다시 비칠거리는 발걸음을 떼어놓았다. 그러자 이번에는 김노인이 먼저 여인에게 말을 걸었다.

"아니, 이보시오, 지금 그 몸으로 어디를 가는 길이오? 보아하니 어디 갈 데도 없는 듯한데, 몸도 성치 않은 것 같고······."

"그냥 못이나 한번 둘러보고 못가 아무데서나 잠을 청할까 하옵니다."

"아니 되오. 그 몸으로 정말 병나겠소."

"아니옵니다. 이제 날씨가 풀려서 한뎃잠을 잘 수 있을 것 같습니다."

"아니오. 그러다간 영락없이 병나겠소. 봄추위가 사람 잡는다는 말도 못 들어봤소? 꽃샘바람에 고뿔 드는 사람이 한둘이 아니라오. 자, 우리 집으로 갑시다. 마침 우리 집엔 다들 시집 장가가고 막내딸만 하나 남아 있으니 같이 지내도록 하시오. 문지기의 말대로 석가탑이 완성되면 그 탑의 그림자도 비칠 것이니, 그때까지 우리 집에서 지내면서 기다리도록 하시오."

"아니옵니다. 말씀은 고맙지만 괜찮습니다."

여인은 말은 그렇게 하면서도 김노인의 뒤를 따라갔다. 김노인은 동네에서 콩 낱개 하나라도 나누어 먹을 정도로 마음씨 좋기로 소문난 사람이었다.

나는 그 여인이 아사달의 아내라는 사실에 깜짝 놀라지 않을 수 없었다. 아침마다 물결 위로 길게 그림자를 비추는 다보탑, 바람에 물결이 흔들릴 때마다 수많은 꽃송이가 피어나는 것처럼 아름답게 흔들리는 다보탑, 그런 다보탑을 만든 석수장이의 아내가 바로 저 여인이라니!

나는 먼길을 찾아온 그 여인이 남편도 만나보지 못하고 쫓겨나고 말았다는 사실이 안타까웠으나 마음속으로는 은근히 반가운 생각조차 들었다.

아사녀는 그날부터 김노인의 집에서 살았다. 매일같이 하루도 빠지지 않고 동트기 전에 나를 찾아와 석가탑의 그림자가 비치기만을 기다렸다.

그러나 여름이 지나고 가을이 되어도 석가탑의 그림자는 비치지 않았다. 살을 에는 듯한 고추바람이 불고 내가 꽁꽁 얼어붙어 버리는 겨울이 와도 석가탑의 그림자는 비치지 않았다.

아사녀는 허구한 날 눈물로 세월을 보냈다. 어떤 때는 다보탑의 그림자를 석가탑의 그림자인 줄 알고 기뻐하다가 이내 탑 그림자가 하나뿐인 것을 알고는 더욱 슬피 울 때도 있었다.

"못아, 못아, 하루속히 석가탑의 그림자를 좀 비춰주렴. 부디 내 소원을 좀 들어주렴."

아사녀가 내게 이런 말을 할 때는 내가 무슨 큰 잘못이라도 저지르는 것 같아 마음이 아팠다. 사실 나도 석가탑의 그림자가 하루속히 비치기를 간절히 원하고 있었으나 마냥 기다리는 수밖에 다른 방법이 없었다.

"아사녀님, 조금만 더 참고 기다리세요. 참고 기다리면 언젠가는 석가탑의 그림자가 비칠 날이 있을 것입니다."

아사녀의 마음을 달래기 위해 내가 이런 말이라도 한마디하면 아사녀는 "그날이 언제쯤일까?" 하고 다시 눈물을 떨굴 뿐이었다.

"아, 언제 다시 아사달을 만날 수 있단 말인가!"

아사녀가 토해내는 한숨 소리는 날마다 토함산을 울리고 나를 울렸다. 아사녀의 몸은 날이 갈수록 야위어져 갔다. 눈물로 밤을 지새우는 날들도 더욱 잦아졌다. 그러나 아무리 몸이 아파도 아사녀가 나를 찾지 않는 날은 단 하루도 없었다. 어떤 날은 토함산을 향해 울다가 지쳐 쓰러진 채 일어나지 못하는 날도 있었다.

그런 아사녀를 보다 못해 김노인이 불국사로 마을 사람을 보내 단 한 번만이라도 아사녀를 절 안으로 들어가게 해달라고 청해 보았다. 그러나 그것은 어림도 없는 일이었다. 그러면 아사달만이라도 불국사 문 밖으로 한 번 나오게 해달라고 간청해 보았다. 그러나 그것 또한 석가탑이 완성되기 전까지는 결코 허락되지 않는 일이었다.

아사녀를 친딸처럼 생각하는 김노인의 걱정은 커져만 갔다. 아사녀를 언니처럼 따르는 김노인의 막내딸 분이의 걱정도 커져만 갔다. 덩달아 마을 사람들의 걱정도 더욱 커져만 갔다.

그러나 아무도 아사녀의 슬픔을 달래줄 수는 없었다. 마을의 모든 사람들이 아사녀를 걱정하고 위로했으나 기다림에 지친 아사녀의 마음이 기댈 수 있는 곳은 어디에도 없었다.

그러는 가운데 한 해가 지나고 또 한 해가 지나간 어느 초봄이었다. 마을 사람들은 논에 물을 대고 논바닥을 고르고 볍씨를 뿌리느라고 야단들이었다. 논둑을 막고 물꼬를 트며 열심히 일하는 마을 사람들을 보며 나는 올해도 풍년이 들기만을 간절히 기원하고 있었다.

그런데 바로 그때였다. 갑자기 첨벙첨벙 물 소리를 내며 물 속으로 걸어 들어오는 사람이 있었다. 아사녀였다. 마을 사람들이 모두 볍씨를 뿌리러 나간 사이에 아사녀가 내 한가운데로 뛰어든 것이다.

"여보! 여보!"

아사녀는 큰소리로 울부짖으며 다보탑의 그림자를 향해 달려들었다. 다보탑의 그림자를 아사달로 착각하고 몇 번이나 두 손으로 껴안으려고 하였다. 그러나 탑 그림자만 산산조각이 날 뿐 아사달의 모습은 어디에도 보이지 않았다.

"아사달! 아사달!"

오직 아사달을 부르는 아사녀의 목소리만 애처로울 뿐이었다.

"아사녀야! 아사녀야!"

그때 볍씨 바구니를 내던지고 아사녀를 향해 달려오는 한 사람이 있었다. 김노인이었다. 김노인의 뒤를 동네 사람들이 우르르 쫓아왔다. 아사녀는 아사달을 부르면서 물 속으로 점점 가라앉아 가고 있었다.

"저런! 저런! 저걸 어쩌나!"

"아사녀야! 아사녀야!"

김노인은 물 속에서 허우적거리는 아사녀를 보고 발만 동동 굴렀다. 그러자 동네에서 헤엄 잘 치기로 소문난 최서방이 얼른 뛰어들어 아사녀를 건져내었다. 최서방이 아니었더라면 아사녀는 그만 죽은목숨이었을 것이다.

아사녀는 그 길로 김노인의 집으로 옆혀가 자리에서 일어나지를 못했다. 한때는 곧 죽을 사람처럼 먹은 것을 모두 토해버리고 숨결이 가늘어지기도 했다. 그러나 김노인과 분이의 정성이 너무나 지극해 논에 벼들이 쑥쑥 자라나는 초여름이 되자 거뜬히 자리에서 일어날 수 있었다.

마을 사람들은 아사녀가 다시 자리에서 일어나자 다들 자기 일처럼 기뻐해 주었다.

"이제 참고 기다리면 언젠가는 만날 날이 있을 거란다."

"암, 기다려야지. 원래 사람은 기다리면서 살아가는 법이야."

"그럼, 그렇고말고. 이젠 죽을 용기로 살아가야지."

마을 사람들은 아사녀를 만날 때마다 저마다 한마디씩 따뜻한 위로의 말을 건네주었다. 그럴 때마다 아사녀는 부끄러워 견딜 수가 없었다. 아사녀는 그제야 자신의 잘못을 크게 깨달을 수 있었다.

"분이 씨, 사람은 사랑하는 사람이 있는 한, 죽어서는 안 된다는 것을 이제야 깨닫게 되었습니다."

어느 날, 마당에서 모깃불을 지피고 있는 분이에게 아사녀는 말을 걸었다. 늘 걱정스러운 눈길로 잠시도 아사녀의 곁을 떠나지 않던 분이였다.

"이제 석가탑의 그림자가 못 위에 비치고 아사달을 만날 수 있을 때까지 굳게 참고 기다리기로 마음을 먹었답니다. 이제 저를 그리 걱정하지는 마소서."

"잘하셨어요. 사람은 사랑이 있는 한 살아야 한답니다. 나중에 아사달이 찾아왔을 때를 한번 생각해 보세요. 그때 만일 아사녀가 죽고 없다면 아사달의 마음이 그 얼마나 슬프겠습니까? 아마 지금도 아사달은 아사녀가 기다리고 있다고 생각하고 탑을 만드는 일에 온갖 정성을 다할 것입니다."

"그동안 제가 너무 어리석었습니다. 용서하소서. 이젠 언제까지나 기다릴 수 있습니다."

그리고 또 한 해가 지난 어느 가을날이었다. 가을걷이가 막 시작된 어느 이른 아침. 동네 아이 하나가 논두렁길을 달려오며 고함을질러대었다.

"석가탑 그림자가 비쳤다!"

"못에 그림자가 두 개다아!"

"아니? 뭐? 뭐라고?"

"그게 정말이야? 정말?"

그 말은 정말이었다. 그날 아침 토함산 위로 해가 불끈 솟아오르자 석가탑의 그림자가 길게 내비쳤다. 가을 햇살이 반짝거리는 푸른 물결 위로 두 개의 탑 그림자가 나란히 마주보고 어른거렸다.

나는 그때 얼마나 가슴이 뛰었는지 모른다. 나는 그때 벼 이삭을 들고 나를 향해 달려오는 아사녀를 보았다. 아사녀의 눈에서는 어느새 맑은 눈물이 흐르고 있었다.

그후, 사람들은 나를 영지못이라고 불렀다. 아사달과 아사녀는 고향땅 부여로 돌아가지 않고 그곳에서 살았다.

2장

뼈저린 후회

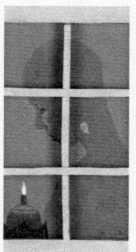

사라져야 향기다

제주도에서 피어난 천리향과 만리향 두 꽃이 서로 향기가 멀리 간다고 말다툼을 하게 되었다.

"난 바다를 건너 완도까지 가지. 돌아올 때는 추자도를 돌아서 와."

"하하, 그래? 난 완도를 지나 광주까지 가. 어떤 땐 서울까지 갈 때도 있어. 내 이름이 왜 만리향이겠어?"

바람이 지나가다가 그들의 말다툼 소리를 듣게 되었다.

"향기가 멀리 간다고 해서 다 아름다운 꽃은 아니야."

바람은 그들에게 점잖게 한마디 하고는 바다를 건너갔다.

바람은 바다를 건너 멀리 백두산까지 가서 며칠 푹 쉬었다가 다시 제주도 한라산으로 돌아왔다.

천리향과 만리향은 그때까지도 서로 자기의 향기가 멀리 간다고 말다툼을 하고 있었다.

바람은 딱하다는 듯이 그들에게 다시 말했다.

"향기란, 사라져야만 향기야. 무조건 멀리 간다고 해서 진정한 향기가 아니야. 향기란 살짝 스쳐 사라짐으로써 영원히 존재하는 거야. 향기가 사라지지 않고 오랫동안 한 곳에 머물러 있으면 그것은 냄새에 불과해."

뼈저린 후회

가을비가 오는 저녁 무렵이었다. 아이들이 닭튀김이 먹고 싶다고 해서 부지런히 부엌에서 닭고기를 튀기고 있을 때였다.

천천히 아주 조심스럽게 초인종이 울렸다. 아직 남편이 퇴근하기에는 이른 시각이었다.

누굴까? 나는 닭을 튀기다 말고 현관문을 열었다.

"죄송해요, 영규 엄마, 잠깐 차나 한 잔 했으면 해서요."

엘리베이터를 한가운데 두고 우리 집과 서로 마주보고 사는 아주머니였다. 아주 힘없는 목소리로 퍽 미안해하는 얼굴이었다.

"지금, 아이들 저녁을 줘야 하는데 어쩌나……."

나는 대뜸 귀찮다는 생각부터 먼저 들었다. 남편이 일찍 죽고 아들 내외가 미국에 산다는 그 아주머니가 가끔 내 시간을 빼앗곤 했기 때문이었다.

아침에 집안 청소를 해놓고 혼자 커피라도 들면서 조용히 신문이라도 좀 보려는 시간에 아주머니가 나를 찾아온 것이 한두 번이 아니었다. 어떤 때는 아침에 와서 점심을 들고도 가지 않아, 내가 일부러 약속이 있다고 서둘러 옷을 입자 그때서야 자리에서 일어난 적도 있었다. 같이 살지도 않는 며느리 이야기나 죽은 남편 이야기를 한두 번도 아니고 자꾸 반복해서 듣는 일도 힘들고 지루하기 짝이 없는 일이었다. 그래서 요즘은 그녀와 약간 거리를 두기 위해 일부러 차갑게 대하려고 애쓰는 중이었다.

"특별한 일이 아니면, 내일 하시죠. 제가 찾아뵐게요. 지금 막 아이들 주려고 닭고기를 튀기는데 집안이 엉망이에요."

그녀는 무척 낙망하는 표정이었지만 더 이상 아무 말도 하지 않고 돌아섰다. 나는 가스불을 켜놓은 상태라 그녀가 돌아서자마자 황급히 문을 닫았다.

이튿날 아침. 아이들을 학교에 보내고 나자 어젯밤에 아파트 베란다에서 누가 떨어져 죽었다는 소식이 들려왔다. 바로 그 아주머니였다.

질투

예수가 길 잃은 한 마리 어린 양을 찾아 품에 안고 돌아왔을 때였다.

예수가 돌아오기를 간절히 기다리고 있던 나머지 아흔아홉 마리의 양들은 예수를 보자 은근히 부아가 끓어올랐다. 오랫동안 일행을 기다리게 한 말썽꾸러기에게 야단을 치기는커녕 온갖 사랑을 쏟아붓기만 하는 예수가 적이 못마땅했다. 그렇지만 아흔아홉 마리의 양들은 아무런 내색을 하지 않고 예수를 따라 조용히 집으로 돌아왔다.

밤은 깊었다. 예수는 여전히 어린 양에게 신경을 썼다. 저녁을 챙겨주고 잠자리를 보살펴주고 별들을 쳐다보며 잠이 들 때까지 어린 양의 어깨를 토닥거려주었다. 다들 말은 하지 않았지만 아흔아홉 마리 양들의 불만은 고조되었다. 굳이 예수의 말을 잘 듣는 착한 양이 될 필요가 없다는 생각들을 하고 있었다.

다음날, 초원으로 나간 아흔아홉 마리의 양들은 스스로 길을 잃기 위

하여 뿔뿔이 흩어졌다. 초원에 석양이 지고 집으로 돌아갈 시간이 되었으나, 아흔아홉 마리의 양들은 아무도 집으로 돌아오지 않았다.

　예수는 밤새도록 잠 한숨 자지 못했다. 별들을 따라 길 잃은 아흔아홉 마리의 양들을 찾아 나섰다.

바윗돌 이야기

　나는 나 자신을 불행하다고 생각해 본 적은 없었다. 나는 야산의 산중 턱에 자리잡은 조그마한 바윗돌에 지나지 않았지만, 나 자신의 삶에 대해 늘 기쁨으로 가득 차 있었다. 별빛이 맑게 빛나는 밤이면 나는 나 자신이 별이 되어 빛난다고 생각했으며, 햇살들이 나의 몸을 간지럽히는 아침이면 나는 나 자신이 햇살이 되어 빛난다고 생각했다.
　어디 그뿐인가. 산수유가 핀 뒤 봄비라도 오는 날이면 나는 나 자신이 빗물이 되어 어디론가 흐른다고 생각했으며, 비가 그치고 바람이 불면 바람에 흔들리는 풀잎처럼 그 자신이 한 포기 풀잎이 되어 바람에 흔들린다고 생각했다.
　이렇게 나의 삶은 늘 기쁨으로 가득 차 있었다. 나는 해가 떠도 웃었고, 별이 떠도 기뻐했으며, 눈이 오거나 꽃이 피면 더더욱 기뻐했다. 무엇 하나 슬픔으로 마음 아플 일이 없었다.

그러나 그 언제부터인가 사람들 말소리에 귀를 기울인 뒤부터 나는 조금씩 마음이 흔들리기 시작했다. 늘 새소리와 이슬소리와 맑은 바람소리만 듣던 내 귀가 웬일로 사람의 말소리를 알아듣게 되었는지 그것은 참으로 불행한 일이었다.

"이 돌을 아예 없애버릴까?"

"글쎄, 가끔 앉아 쉬면 더 좋을 것도 같아."

"그래도 밭을 가는데 걸거적거리잖아?"

어느 날, 사람들이 하는 이 말이 무슨 말인가 싶어 가늘게 실눈을 뜨고 찬찬히 주위를 살펴보다가 나는 그만 깜짝 놀라고 말았다.

내가 사는 이곳은 그리 울창하지는 않았지만 나름대로 사람의 발길이 잘 닿지 않는 고요한 숲 속이었다. 그런데 그동안 어찌된 일인지 숲은 밭이 되어 있었다. 그 언제부터인가 사람들이 집을 짓고 화전을 일구어 농사를 짓기 시작한 것을 나만 모르고 있었다.

"이놈을 치우지. 이놈을 치우면 수수가 두 되는 더 나오겠다. 김 매는데 힘들지도 않고."

두 명의 사내가 자꾸 나를 쳐다보더니 나이가 좀더 들어 뵈는 사내가 곡괭이로 나를 파내기 시작했다.

졸지에 나는 평화롭게 살던 곳에서 쫓겨나게 되었다. "날 이대로 있게 해줘요! 가끔 앉아 쉬면 되잖아요!" 하고 소리쳤지만 그들은 내 말을 들어주지 않았다.

그들은 나를 파헤쳐 산 아래로 힘껏 굴려버렸다. 나는 산 아래 사람들이 듬성듬성 집을 지어놓은 골목 어귀 한 귀퉁이에 처박혀버렸다.

내가 정신을 잃었다가 깨어났을 때는 저녁 무렵이었다. 하늘에는 막 샛별이 떠올라 빛나고 있었다. 내 몸 군데군데에 생채기가 나 있었고, 더러 피가 흘렀다가 굳은 자국도 보였다.

나는 샛별을 바라보며 고요히 마음을 가다듬었다. 그동안 숲 속에 고요히 안주하며 산 삶이 잘못된 삶이라는 생각이 들자 오히려 더욱 낮은 곳으로 내려온 삶에 대한 기대로 마음이 들떴다.

나를 가장 먼저 찾아온 것은 예전처럼 이슬이나 햇살들이 아니라 개들이었다. 개들이 처음 찾아와 킁킁 냄새를 맡고는 오줌을 누고 갔다. 어떤 때는 똥을 누고 갈 때도 있었다. 개들은 꼭 나를 찾아와 오줌으로 영역을 표시했다.

그 다음엔 동네아이들이 나를 찾아왔다. 아이들도 개처럼 오줌을 누거나 똥을 누고 갔다. 물론 의자인 양 내게 편안하게 앉아 있는 아이들도 있었지만, 대부분의 아이들이 내게 낙서를 하거나 침을 뱉거나 발로 짓밟았다. 동네 아주머니들 몇몇은 설거지한 물이나 걸레 빤 구정물을 꼭 내게 부어버렸다.

내 몸은 자꾸 더러워져갔다. 내 몸은 개 오줌 냄새와 아이들 똥 냄새와 설거지 냄새로 찌들어갔다. 나는 개나 아이들에게 편안한 의자가 되어주거나 재미있는 놀잇감이 되어주고 싶었지만, 하루하루 그들의 똥오줌 냄새로 찌들어져갈 뿐이었다.

세월은 자꾸 흘러갔다. 세월이 흘러도 나의 그런 삶은 조금도 달라지지 않았다. 여전히 개들이 찾아와 한쪽 다리를 번쩍 들고 오줌을 눔으로써 자신의 영역을 표시했으며, 아이들이 꼭 내 곁에 쪼그리고 앉아 똥을 누고 가곤 했다. 가끔 소나기가 찾아와 내 몸을 씻어주지 않았더라면 나는 어쩌면 질식해서 죽었을지도 모를 일이었다.

그래도 나는 밤이면 하늘의 별을 바라볼 수 있어서 좋았다. 별을 바라보며 마음의 평화와 고요를 잃지 않으려고 노력할 수 있어서 좋았다.

그러나 마음의 평화와 고요는 쉽게 얻어지는 것이 아니었다. 무엇보다도 내 마음을 괴롭히는 것은 이대로 세월이 지나면서 내가 아무짝에도 쓸모없는 돌덩이가 되어버리는 게 아닌가 하는 것이었다.

그리고 그런 괴로움은 단순히 괴로움으로만 그치는 게 아니라 차차 현실로 나타나기 시작했다. 언제부터인지 나는 점차 쓸모없는 천덕꾸러기 바윗돌에 지나지 않았다. 하루에도 몇 번씩 찾아오던 개들도 나를 찾아오지 않았고, 아이들조차 이미 나를 잊은 지 오래였다. 나는 그들이 찾아와 똥오줌을 갈기고 가던 날들이 갈수록 더 그리웠다.

나는 외로웠다. 아무데도 없는 무용지물이 된 나 자신이 싫었다. 나는 누구라도 좋으니까 나를 찾아와 주기만을 바랐다. 발이 있다면 내가 개들이라도 찾아가고 싶은 심정이었다. 그러나 내가 누구를 찾아갈 수는 없었다. 그리고 아무도 나를 찾아와주지 않았다. 아침의 햇살도 이슬도, 밤하늘의 달빛도 별빛도 웬일인지 나를 비켜서 갔다.

그런 어느 날이었다. 나이 많은 큰스님 한 분이 무심히 내 앞을 지나가다가 문득 걸음을 멈추고 나를 돌아보았다.

"으음, 그놈 참 쓸 만한 놈인걸!"

스님은 한참 동안 나를 보시고 고개를 끄덕이시더니 휭하니 잰걸음으로 사라졌다. 그리고 그 다음날, 큰스님이 다시 또 나를 찾아왔다. 이번에는 혼자가 아니었다. 다른 젊은 스님 몇 분을 데리고 오셔서 그들에게 말씀하셨다.

"어떠냐? 이 돌이. 마침 대웅전에 쓸 마땅한 주춧돌 하나가 모자라서 애를 먹고 있었는데, 대웅전에 쓰도록 부처님이 보내주신 것 같지 않느냐? 어서 이 돌을 옮겨갈 채비를 차려라."

젊은 스님들은 큰스님의 말씀대로 땀을 뻘뻘 흘리면서 원래 내가 살던 산중턱 맞은편 쪽으로 나를 옮겨갔다.

그곳엔 언제부터인지 절을 짓는 토목공사가 한창이었다.

나는 곧 대웅전을 받치는 주춧돌이 되어 새로운 삶을 살게 되었다. 아무도 나를 눈여겨보지는 않지만 내 마음속에는 늘 기쁨의 물결이 찰랑거렸다.

주춧돌이 된 지 몇백 년이 지나도 나는 내가 받치고 있는 산사의 지붕이 조금도 무겁지 않다. 그것은 오히려 내 존재의 기쁨일 뿐이다.

나는 무엇이 될 수 있을까

　백두산 자작나무 중에 몹시 교만한 마음을 가진 나무가 한 그루 있었다. 그는 자작나무 중에서 가장 키가 컸다. 다른 자작나무는 대부분 30여 미터밖에 되지 않았으나 그는 40여 미터나 되는 큰 키를 자랑했다.

　그는 키가 큰 탓으로 늘 다른 자작나무들을 눈 아래로 내려다보았다. 키 작은 나무들이 나중에 어떤 재목으로 어디에 쓰일 수나 있을지 참으로 걱정된다는 눈초리로. 물론 그는 키가 큰 탓으로 구름 속을 뚫고 나온 햇볕을 가장 먼저 쬐었으며, 찬바람 사이로 불어오는 따스한 봄바람도, 겨울이 되면 그리워지는 함박눈도 가장 먼저 맞았다.

　그는 키가 클 뿐만 아니라 수피(樹皮) 또한 누구보다도 희고 깨끗했다. 다른 자작나무들도 희기는 하지만 마치 온몸에 마른버짐이 핀 것처럼 희끗희끗해서 아름다움과는 거리가 멀었다. 그러나 그의 피부는 마치 젊은 여인의 살결처럼 희고 매끈해서 다른 나무들의 부러움을 샀다. 심지어

백두산 산새들은 그의 나뭇가지 끝에 앉아 신나게 노래를 한번 불러보는 것이 소원이었다.

그래서 그런지 그는 자기가 이 세상에서 가장 아름다운 나무라는 자만심이 가득했다. 백두산 때문에 자신이 아름다운 것이 아니라 백두산이 자기 때문에 아름다운 것이라고 생각했다.

그러던 어느 해 여름이었다. 좀처럼 녹을 것 같지 않던 천지에 눈이 녹자 사람들이 벌목 작업을 준비하기 시작했다. 나무들은 곧 벌목이 될 자신들의 처지를 생각하고 걱정이 태산 같았다. 그러나 그는 아무런 걱정을 하지 않았다. 자기같이 아름다운 나무가 벌목의 대상이 된다는 것은 상상조차 할 수 없는 일이었다.

감히 나를 벌목하다니! 아무도 그런 생각을 하진 못할 거야.

다른 나무들은 언제 어떻게 될지 불안해서 잠도 잘 자지 못했으나 그는 잠들지 못하는 날이 없었다.

그러나 그의 그런 생각은 오산이었다. 본격적으로 벌목이 시작되자마자 가장 먼저 벌목된 나무는 바로 그였다. 한 벌목꾼이 "저기 아주 잘생긴 놈이 있군. 아주 값나가게 생겼는데, 저놈부터 먼저 자르지 그래" 하고 말하자마자 날카로운 기계톱이 그의 몸을 잘라버렸다.

그는 채 비명도 지르지도 못하고 몸이 동강나고 말았다. 너무나 졸지에 당한 일이라 잘린 자신의 몸뚱어리를 멍하니 쳐다보다가 그만 눈물을 주르르 흘리고 말았다.

아니야. 내가 이렇게 울고만 있을 때가 아니야. 이제부터 새로운 삶이 시작되는 거야. 내가 하지 않으면 안 되는 위대한 일이 날 기다리고 있는 거야.

그는 눈물을 그치고 곰곰 생각했다.

이런 죽음의 고통이 없으면 훌륭한 자작나무가 될 수 없어. 아마 나는 다른 멋진 그 무엇으로 다시 태어날 거야. 해인사 장경각에 있는 팔만대장경도 자작나무를 3년 동안 소금물에 절여서 판각한 거야. 또 알아? 내가 그런 세계적인 국보급 문화재가 될지.

애써 자신을 위로하자 마음이 한결 가라앉았다.

그는 곧 중국으로 팔려갔다. 그리고 다시 여러 조각으로 나누어져 되팔려온 곳이 한국의 수도 서울이었다. 그는 서울에 도착하자마자 변두리 어느 허름한 공장으로 실려가 온몸이 가늘게 쪼개졌다. 도대체 무엇을 만들기에 이렇게 온몸을 갈가리 쪼개는지 알 수 없었다. 그는 아주 조그만, 바늘보다는 조금 굵고 긴 나무 쪼가리가 되었다. 끝은 찌르면 피가 날 정도로 뾰족하게 깎여졌다. 더러 종이에 낱개로 포장되는 것도 있었다.

그는 곧 플라스틱 상자 안에 담겨 상표가 붙여졌다. 상표엔 '이쑤시개'라는 글자가 인쇄돼 있었다.

"아저씨, 도대체 내가 무엇이 된 거죠?"

그는 이쑤시개가 무엇인지 알 수 없었다.

"기다려 봐. 조금 있으면 알게 될 테니까."

열심히 상표를 붙이는 아저씨의 대답은 퉁명스러웠다.

그는 곧 트럭을 타고 공장을 빠져나가 서울 시내에 있는 한 편의점에 진열되었다. 그리고 곧 어느 돼지갈비집 식탁 위에 놓여졌다. 고기 굽는 냄새가 코를 찔렀다. 가슴이 두근거리고 토할 것 같았다.

도대체 내가 왜 여기까지 오게 된 것일까. 도대체 내가 어떻게 쓰이려고 여기에 와서 이렇게 기다리고 있는 것일까.

그는 잠시 백두산을 생각했다. 백두산 천지에 내린 흰 눈을 생각했다. 눈물이 핑 돌았다. 어디선가 백두산 바람소리가 들려오는 것 같아 눈을 감았다.

그때 누가 그를 집어들었다. 그는 곧장 사람의 입 속으로 들어가 이를 쑤시는 데 쓰여졌다. 그제야 자작나무는 자신이 무엇이 되었는지 알 수 있었다.

은빛 연어

연어들이 산란을 위해 자신들이 태어난 곳을 향해 길을 떠났다가 험난한 폭포를 만났다. 연어들은 폭포를 통과하지 않으면 자신이 태어난 강으로 돌아갈 수가 없었으므로 다들 있는 힘을 다해 폭포를 뛰어올랐다.

그러나 단 한 마리 은빛 연어만은 폭포를 뛰어오를 수가 없었다.

"올라와! 빨리! 뛰어올라!"

수많은 연어들이 소리쳤으나 은빛 연어는 폭포 밑에서 그저 망설이기만 할 뿐이었다.

시간은 빨리 지나갔다. 사방에서 어둠이 몰려오고 있었다. 어느새 다들 폭포를 뛰어올라 은빛 연어만 혼자 남게 되었다.

은빛 연어는 있는 힘을 다해 몇 번 폭포를 뛰어오르다가 도저히 뛰어오를 수가 없어 그만 포기해 버리고 말았다.

순간, 외로움과 무서움이 동시에 밀려왔다.

그때였다.

"은빛 연어야, 사랑해!"

누군가가 폭포 위에서 크게 소리쳤다.

은빛 연어는 고개를 들었다. 아, 그가 그토록 사랑하던 금빛 연어가 아래를 내려다보고 소리치고 있었다.

순간, 은빛 연어는 자신도 모르게 폭포 위로 뛰어올랐다.

작은 꽃게의 슬픔

 서해안 바닷가에 큰 꽃게 한 마리와 작은 꽃게 한 마리가 살고 있었다. 그들은 어느 날 바닷가 모래밭 위로 살금살금 기어 올라왔다. 바닷가 모래 속이 너무나 춥고 답답해서 바다 구경도 좀 하고, 햇볕도 좀 쬐고 싶어서였다.
 "아이, 시원해! 밖으로 나온 일은 정말 잘한 일이야."
 "저길 좀 봐. 아이들이 파도를 타고 놀고 있잖아. 아, 정말 멋져!"
 큰 꽃게와 작은 꽃게는 누가 먼저라고 할 것 없이 탄성을 내질렀다. 그런데 그때, 작은 꽃게가 밖으로 나올 때 만든 자기의 모래 구멍을 보고 큰 꽃게한테 말했다.
 "큰 꽃게야, 참 이상하다. 내가 만든 구멍은 이렇게 작은데, 네가 만든 구멍은 왜 이렇게 크니?"
 "아, 그건 내 몸이 크기 때문이야. 네 구멍이 작은 것은 네 몸이 작기 때문이고."

"그럼, 자기 몸 크기대로 구멍이 파진단 말이야?"

"그래, 우리는 자기 몸에 맞추어서 구멍을 파야 해. 돌아가신 엄마가 늘 그런 말씀을 하셨어. 그렇지 않으면 큰일난대. 그게 우리의 분수를 지키는 일이래."

큰 꽃게는 귀엽다는 듯 작은 꽃게의 등을 톡톡 두드려주면서 말했다.

작은 꽃게는 큰 꽃게의 말이 잘 이해되지 않았다. 그저 자기도 큰 꽃게처럼 큰 구멍을 파고 싶었다. 마음만 먹으면 큰 꽃게보다 더 큰 구멍을 팔 수 있을 것 같았다.

그날 밤, 밤하늘에 별들은 빛나고 있었다. 작은 꽃게는 큰 꽃게 몰래 다시 바닷가로 나가 모래 구멍을 파기 시작했다. 발가락과 집게다리를 열심히 놀려 자기 몸보다 몇 배나 되는 큰 모래 구멍을 팠다. 파도가 밀려와 기껏 파놓은 구멍을 와르르 무너뜨려도 조금도 실망하지 않고 다시 또 구멍을 크게 파놓았다.

'이만하면 큰 꽃게가 판 구멍보다 몇 배는 더 클 거야. 나도 이제 큰 꽃게가 부럽지 않아.'

작은 꽃게는 그런 생각을 하며 그제서야 입가에 만족한 미소를 머금었다.

그런데 바로 그때, 작은 꽃게의 더듬이를 따갑게 찌르는 한 불빛이 있었다.

"야, 찾았다! 여기 있다!"

아이들의 커다란 목소리가 우르르 발소리와 함께 한꺼번에 들려왔다.

작은 꽃게는 덜컥 겁이 났다. 얼른 자기가 파놓은 모래 구멍 속으로 몸을 숨겼다. 그러나 구멍이 너무 커서 자기의 몸을 다 숨기지 못하고 그만 전짓불을 든 한 아이의 손에 붙들리고 말았다.

약속

 맑은 물에 사는 올챙이와 피라미가 그만 서로 사랑에 빠지게 되었다. 그들은 서로 종이 다르기 때문에 사랑할 수 없는 사이임에도 불구하고 그만 서로 사랑하는 사이가 되고 말았다.

 "그건 사랑해선 안 될 사랑이야. 뚱뚱하게 배만 나온 올챙이가 뭐가 좋다고 그래? 꼬리는 또 그게 뭐야? 오죽하면 사람들 사이에 '올챙이배'라는 말이 다 생겼겠어?"

 "정신 좀 차려. 그건 이루어질 수 없는 사랑이야. 비쩍 말라빠진 말라깽이 물고기를 어디가 좋다고 그러는 거야? 나중에 상처만 크게 받게 돼. 그런 사랑은 아예 처음부터 하지도 마."

 수많은 올챙이와 피라미들이 온갖 말로 그들을 말리고 설득했으나, 그들은 한시도 떨어져 살 수 없는 사이가 되고 말았다.

 그러나 그들의 뜨거운 사랑은 잠깐이었다. 그들은 곧 헤어지지 않으면

안 되었다. 올챙이가 차차 꼬리가 없어지고 네 다리가 생기면서 눈이 툭 튀어나오고 온몸이 울퉁불퉁한 개구리가 되고 만 것이다.

"자, 이제 여길 떠나자. 엄마는 오늘이 오기를 얼마나 기다렸는지 몰라. 우린 뭍으로 가서 살아야 할 때가 된 거야."

어미 개구리가 이제 막 개구리가 된 올챙이의 손을 잡고 말했다.

올챙이는 이제 식구들을 따라 물 밖으로 나가지 않으면 안 되었다. 올챙이는 하는 수 없이 피라미한테 찾아가 작별을 고했다.

"피라미야, 어디 아프지 말고 잘 있어. 난 이제 뭍으로 가서 살아야 돼."

그러자 피라미도 뭍으로 가서 살겠다고 올챙이를 따라나섰다.

"아니야, 넌 여기서 살아야 해. 이 개울을 떠나면 넌 죽어."

올챙이가 놀란 얼굴로 정색을 하고 말했다.

피라미는 슬펐다. 올챙이와 헤어진다는 것은 단 한 번도 생각한 적이 없었다. 현재의 있는 모습 그대로를 사랑하는 것이 진정한 사랑이라는 것을 잘 알고 있는 피라미는 올챙이가 점점 이상한 모습으로 변해도 올챙이를 있는 그대로 사랑하고 있었다.

"어쩌면 좋아? 난 너랑 헤어질 수가 없어."

피라미가 올챙이의 손을 놓아주지 않았다.

"걱정하지 마. 내 가끔 여기에 들를게."

"정말이다? 꼭 약속 지켜야 해."

"그럼, 지키고말고. 넌 내가 널 얼마나 사랑하는지 아직 잘 모를 거야."

개구리가 지금도 가끔 물속에 들어갔다가 나오는 것은 바로 피라미와의 그 약속 때문이다.

조화와 생화의 대화

백화점 특별선물 조화 코너에 플라스틱으로 만든 장미꽃이 있었다. 그녀는 너무나 아름다워 백화점을 찾는 수많은 사람들로부터 늘 경탄의 대상이 되었다.

"어머! 이쁘다. 정말 장미 같다!"

"어쩜 이렇게 잘 만들었을까? 정말 생화하고 구별할 수가 없네!"

보는 사람들마다 놀라움을 나타내지 않는 사람이 없을 만큼 그녀는 생화와 똑같았다. 아니, 생화보다 더 아름다웠다. '조화 코너'라는 안내판만 없었다면 사람들은 모두 그녀를 생화인 줄 알았을 것이다.

백화점 진열대에 처음 나왔을 때, 그녀는 사람들의 그런 찬탄이 내심 부끄러웠다. 그러나 이제는 사람들의 그런 찬탄쯤은 당연한 것으로 여겼다. 오히려 그냥 무심히 지나치는 사람이 있으면 그런 사람이 더 이상하다고 생각했다.

그만큼 그녀는 자신의 아름다움에 자신이 있었다. 자신이 생화보다 나았으면 나았지 조금도 못하다고 여기지 않았다. 생화나 조화나 출생 과정이 다를 뿐 똑같은 아름다움을 지니고 있다고 생각했다. 꽃의 궁극적 가치가 아름다움의 창조에 있다면 생화나 조화나 그 아름다움의 창조적 차원은 똑같다고 생각했다. 다른 조화들은 조화로 태어난 자신을 원망하고 부끄러워했으나 유독 그녀만은 그렇지 않았다.

그녀는 자신을 부끄럽게 여기는 조화들을 심히 나무랐다. 한 송이 꽃으로서의 존재 가치를 부정하고 무가치하게 생각하는 조화야말로 세상을 살아갈 자격이 없다고 힐난했다.

"우리는 우리 스스로 꽃이면 되는 거야. 왜 자꾸 생화하고 비교하는 삶을 사는 거야? 생화와 조화의 구별이야말로 참으로 무의미한 거야. 지금까지 나는 조화라고 해서 부끄러워해 본 적은 없어. 우리는 우리 나름대로의 가치가 있는 거야. 우리 스스로 우리의 가치를 부정하면 우리 앞엔 고통과 죽음뿐이야. 우리 자신이 먼저 우리를 인정하고 아름답다고 생각해야만 다른 꽃들도 우리를 아름답다고 생각하는 거야. 우리의 아름다움은 우리 스스로 깨달아야 돼. 누가 깨닫게 해주는 것이 아니야."

그녀는 다른 조화들을 만날 때마다 스스로의 가치를 깨달을 줄 아는 꽃이 되어야 한다고 역설했다.

그뒤 그녀가 백화점을 떠나 혜미 아빠라고 불리는 한 남자의 집에 가서 살게 된 것은 백화점에 진열된 지 약 한 달 뒤였다. 어느 날 혜미 아빠가 백화점에 들러 "결혼 기념 선물로는 이게 좋겠군" 하고 번쩍 그녀를 안아들었다.

"여보, 고마워요."

혜미 엄마는 그녀를 껴안은 채 혜미 아빠에게 키스를 퍼부었다.

"여보, 너무 이뻐요. 이렇게 이쁜 장미는 처음 봤어요."

혜미 엄마는 그녀를 마치 생화처럼 대했다. 아침마다 분무기로 물을 뿌려주는가 하면, 혹시 먼지라도 묻을까 봐 호호 입김으로 불어주기까지 했다. 가끔 혜미 집에 놀러오는 이웃들도 혜미 엄마가 쏟는 정성을 보고는 대부분 그녀가 생화인 줄 알았다. 어쩌다가 직접 손으로 만져보고 조화인 줄 알게 된 사람도 그녀의 아름다움에 탄성을 터뜨리기는 마찬가지였다.

그녀는 행복했다. 세상에 사랑받는 일만큼 행복한 일은 없었다. 그녀는 조화로 태어난 것을 신에게 감사했다. 그러면서 생화보다 조화가 더 아름답다는 생각을 신념화해 나갔다. 조화로서의 아름다움과 자존심을 오직 자기만이라도 끝까지 지켜야 한다고 굳게 믿었다.

그런 어느 날이었다. 혜미가 한 남자로부터 청혼의 선물을 받았다면서 장미꽃 한 다발을 가슴에 안고 돌아왔다. 물론 그것은 생화였다. 혜미는 기뻐 어쩔 줄 모르는 표정으로 장미의 가지를 자르고 적당히 잎을 떼내어 화병에 꽂아놓았다.

그날 밤, 밤이 깊어지자 생화인 장미꽃이 그녀에게 말을 걸었다.

"넌 나보다 네가 더 아름답다고 생각하는 모양이구나."

"그럼, 내가 더 아름답고말고."

"난 너처럼 오만한 조화를 본 적이 없어."

"넌 나보다 네가 더 아름다운 줄 아는 모양이구나."

"그럼, 그건 당연한 일이야. 난 생화거든."

"하하, 넌 참으로 어리석구나. 난 지금까지 너처럼 어리석은 생화를 본 적이 없어. 넌 영원히 변하지 않는 아름다움을 모르는구나. 난 너처럼 시들지도 않고 죽지도 않아. 나에겐 죽음이라는 게 없어. 그러나 넌 이제 곧 죽을 거야. 네가 큰소리칠 날도 이제 며칠 남지 않았어."

"하하, 너야말로 네 자신을 잘 모르는구나. 넌 명색이 장미면서도 향기가 없잖아."

"향기?"

순간, 그녀는 말문이 막혀 대답을 하지 못했다. 장미에게 향기가 있다는 사실을 그녀는 미처 모르고 있었다.

그러나 다음 날 아침, 그녀의 그런 처지를 잘 알고 있다는 듯 혜미 엄마가 그녀에게 장미향이 나는 향수를 뿌려주었다.

"내게도 향기가 나. 자, 맡아 봐. 네 몸에서 나는 향기보다 더 향기로울 거야."

다시 밤이 되자 이번에는 그녀가 먼저 생화에게 말을 걸었다.

생화는 그녀에게서 정말 장미 향기가 나자 더 이상 아무 말도 하지 못하고 입을 다물었다. 그리고 그 다음 날부터 서서히 시들어 흉한 꼴을 하고 죽고 말았다.

그녀는 혜미 엄마에 의해 쓰레기통에 버려지는 생화를 보고 고소를 금치 못했다. 생화보다 자신의 삶이 더 아름답다는 것은 이제 분명한 사실이었다. 이제 그녀는 아픔도 늙음도 두렵지 않았다. 이 세상에 아무것도 두려울 것이 없었다.

한 해가 지났다. 청혼의 의미로 바쳐진 장미는 시들어버렸으나, 혜미와 그 남자와의 사랑은 시들지 않아 혜미가 결혼을 하게 되었다. 그리고 이번에는 혜미가 첫 친정나들이를 하면서 생화로 된 장미꽃 한 다발을 엄마에게 건네주었다.

"엄마, 그동안 날 잘 키워주신 고마움에 대한 내 마음의 표시예요."

"그래, 고맙다. 남편 잘 받들고, 아들딸 낳고, 잘 살아라."

그녀는 웃음이 쿡쿡 터져 나오는 것을 억지로 참았다. 조금 있으면 시들고 말 장미를 사 가지고 와서 혜미가 웬 별소릴 다한다 싶었다.

그날 밤, 그녀는 잠도 오지 않고 해서 혜미 엄마가 정성 들여 꽃병에 꽂아놓은 장미를 물끄러미 바라보았다. 아니, 그런데 이게 웬일일까. 그 장미는 지난번에 같이 얘기를 나누었던 바로 그 장미가 아닌가. 그녀는 반가운 김에 먼저 말을 걸었다.

"정말 반갑구나. 시들어 쓰레기통에 버려졌던 네가 다시 살아나 이처럼 아름답다니, 정말 신기하구나."

그 장미도 당장 그녀를 알아보았다.

"응, 반가워. 난 우리가 이렇게 다시 만날 줄 알았어."

"그게 무슨 말이니? 넌 그때 분명히 시들어 쓰레기통에 버려졌어."

"넌 정말 내가 죽었다고 생각했구나. 그건 네가 잘못 생각한 거야. 우린 그렇지 않아. 우린 죽음을 통해서 끊임없이 다시 태어나. 참으로 살아 있는 것은 무엇이든 죽어야 하거든. 죽음으로써 다시 새 생명을 얻을 수가 있어."

"나는 새 생명이 필요 없어. 이대로 영원히 변하지 않아."

"변하지 않는 것은 아름다움이 아니야. 변화 속에 아름다움이 있는 거야. 고정돼 있다는 것은 이미 추함이야. 아름다움이 어떻게 고정될 수 있겠니?"

그녀는 무슨 말을 해야 할지 몰라 한참 동안 가만히 있다가 다시 입을 떼었다.

"그럼 나도 죽어야 하니?"

"아니야, 넌 시들 수가 없기 때문에 죽을 수가 없어. 그건 슬픈 일이야."

"난 하나도 슬프지 않은데?"

"그건 너에게 죽음이 없기 때문이야. 죽음이 없다는 것은 바로 생명이 없다는 것이고, 생명이 없는 꽃은 아름다운 꽃이 아니야."

"아니야, 난 아름다운 꽃이야. 사람들이 다들 나를 아름답다고 해."

"그건 사람들이 죽음을 두려워하기 때문이야. 영원히 죽지 않는 너를 통하여 그 두려움을 위안받으려고 하기 때문이야. 사람들도 참으로 살아 있기 위해서는 죽어야 한다는 것을 잘 모르는 거야."

"그렇지만 난 아름다워."

"그래, 너도 너 나름대로 아름다워. 그러나 네가 진정 아름다워지기 위해서는 너 자신이 누구인가를 진정 깨닫지 않으면 안 돼. 그렇지 않으면 넌 아름다워질 수가 없어. 우리는 각자 자신에게 주어진 삶에 충실해야만 아름다워질 수가 있어. 넌 조화로서의 아름다움을 지닐 때만이 진정 아름다운 거야."

생화 장미는 이번에도 며칠 가지 않아서 곧 시들어 쓰레기통에 버려지고 말았다.

그러나 그녀는 이번에는 생화 장미의 죽음을 비웃지 않았다. 그 대신 언젠가 다시 만날 날을 꿈꾸었다. 그리고 분수를 지키는, 가장 검손한 조화가 될 것을 스스로 약속했다.

지구를 사랑한 별

밤하늘에 별들이 빛나는 것은 별들이 서로 사랑을 나누기 때문이다. 밤하늘의 별들 중에서 서로 사랑을 나누지 않는 별들이란 아무도 없다. 북극성은 북두칠성을 사랑하고, 큰곰별은 작은곰별을 사랑한다.

물론 지구별을 사랑하는 별들도 있었다. 지구를 사랑하는 별들 중에서 가장 지구를 사랑하는 별은 '꽃별'이라는 이름을 지닌 아주 작은 별이었다.

꽃별은 작아도 너무 작아 다른 별들이 아주 하찮게 여기는 별이었다. 그런데도 꽃별은 거대한 지구별만 보면 왠지 가슴이 두근거렸다. 밤이 다하고 낮이 되어도 지구별이 보고 싶어 견딜 수가 없었다. 그래서 아예 낮별이 되어 잠도 자지 않고 멀리 잠들어 있는 지구별을 바라보곤 했다.

그러나 시간이 지나면 지날수록 바라보는 것만으로는 견딜 수가 없었다. 꽃별은 견디다 못해 북극성을 찾아갔다.

"북극성 님, 저는 지구별을 사랑해요. 저를 지구별로 보내주세요. 저는 지구별에 가서 살고 싶어요."

북극성은 꽃별의 마음을 금방 알아차렸다. 누군가를 진정으로 사랑하게 되면 함께 살고 싶어진다는 것을 북극성은 이미 잘 알고 있었다.

"그래, 넌 지구별에 가서 살아라. 지구별의 푸른 바닷속에 살면서 늘 지구를 사랑하거라."

북극성은 꽃별을 지구별로 보냈다.

우리가 사는 지구에는 아직도 그 꽃별이 깊은 바닷속에 살고 있다. 불가사리 중에서도 완벽히 푸른 별 모양을 하고 있는 별불가사리. 그는 원래 밤하늘을 수놓던 아름다운 별들 가운데 하나였다.

꽃들은 달력이 필요없었다

입추가 되자 '달력을 만드는 사람들의 모임'에서 회의가 개최되었다. 그것은 해마다 달력을 어떻게 얼마만큼 만들 것인가를 의논하고 결정하는 회의로, 해마다 한 번씩 가을이 오면 갖는 회의였다.

회의는 숲이 우거지고 깊은 강이 내려다보이는 어느 호텔 중화요릿집에서 열렸다.

"이거, 정말 오랜만이군. 그동안 잘 있었는가?"

달력상들은 서로 악수를 나누며 반가운 얼굴로 올해 누가 가장 돈을 많이 벌었는가 하는 이야기로 분위기를 화기애애하게 이끌어가다가, 요리가 나오고 술잔이 오가면서부터 곧 실무적인 이야기로 들어갔다.

실무적인 이야기에서는 내년 달력의 생산량과 분배에 대한 문제가 주요 안건이었다. 이제 달력도 현대인들의 생활 감각에 맞는 다양한 모델 개발이 필수적이라든가, 숫자를 표기하는 다양한 글씨체가 개발되어야 한다든가 하는 의견 등은 다 뒷전으로 밀려났다.

  달력 생산량에 대한 문제는 의견이 분분했다. 누구는 작년보다 더 많이 만들자고 하고, 누구는 적게 만들자고 하고, 또 누구는 예년의 수준대로 하자고 각기 다른 주장을 펴나갔다.

  의견은 쉽사리 좁혀지지 않았다. 요즘엔 예전과 달리 사람들이 달력을 귀하게 여기지 않아 화가 난다는 데에는 의견을 같이했으나, 정작 그 생산량에 대해서는 저마다 의견이 달랐다.

  의견이 분분해지자 회의 분위기가 갈수록 경직되었다.

  "우선 술이나 마시지."

  "그래, 골치 아픈 얘기는 나중에 하고 술이나 마셔."

  그들은 연거푸 술잔을 돌렸다. 다들 얼굴이 불콰해졌다. 누가 술기운을 견디지 못하고 창문을 열자 가을바람이 시원하게 불어 들어왔다.

  "세월이 참 빨라. 정말 흐르는 물과 같아."

  나이 많은 한 달력상이 가을햇살이 부서지는 강물을 바라보며 약간 감상적인 어투로 입을 열었다.

  "맞아, 1년이 꼭 하루 같아. 돌아서면 1년이야."

  "엊그제 달력을 만든 것 같은데, 또 만들어야 하다니……."

  다른 달력상들도 다들 시간의 흐름에 대해 한마디씩 토해내었다. 그러자 이야기가 자연히 세월이 너무 빨리 흐른다는 쪽으로 그 가닥을 잡아갔다.

  "올해는 아예 달력을 만들지 않는 게 어떨까? 정신없이 흐르는 세월의 고삐를 우리가 한번 잡아줄 필요가 있지 않을까?"

이번에는 '달력을 만드는 사람들의 모임'의 회장이 술잔을 든 채 진지한 목소리로 말하자 모두들 이구동성으로 박수를 쳐대었다.

"아, 그것 참 좋은 생각입니다. 정말 좋은 생각이에요. 우리 달력상들이 시간의 속도를 한번 조절해 줄 필요가 있어요."

"왜 진작 그런 생각을 못했을까요? 그건 우리 달력상들만이 할 수 있는 일이잖아요."

"좋아요! 그렇게 해요!"

의견은 곧 표결에 부쳐져 만장일치로 통과되었다. 이제 더 이상 달력을 만들기 위한 회의는 필요없었다. 그들은 남은 술을 다 마셔버리고 그 회의를 끝내버렸다.

의결된 대로 그들은 이듬해의 달력을 만들지 않았다. 그들은 자기들이 달력을 만들지 않으면 더 이상 시간이 흐르지 않을 것이라고 굳게 믿고 있었다. 그리고 그 믿음은 달력을 필요로 하는 모든 사람들에게 그대로 전해져 시간은 더 이상 흐르지 않고 정지되었다.

그러나 지구의 한쪽 모퉁이 서울 난지도에는 민들레꽃이 피었다. 사람들의 세계에서는 시간이 정지되었지만, 꽃들의 세계에서는 시간이 정지되지 않았다는 사실을 아무도 아는 사람은 없었다. 꽃들은 달력이 필요없었으므로……

짝사랑

　민달팽이도 다른 달팽이처럼 원래 등에 고둥 모양의 집을 이고 다녔다. 물론 자신의 몸을 나선형인 그 집 속에 깊숙이 집어넣을 수도 있었다. 그런데 왜 민달팽이는 지금 집이 없을까?

　원래 달팽이는 암수한몸이므로 다른 달팽이를 사랑한다는 것은 엄두도 낼 수 없는 일이었다. 그들은 한 몸 안에서 하나이면서도 둘이고 둘이면서도 또한 하나였다. 만일 서로 사이가 나빠 싸우기 시작하는 날이면 한 몸 안에서 여간 고통스러운 일이 아니었다. 그래서 달팽이들은 다들 부부 사이의 금실이 좋았다.

　그런데 한 달팽이가 그만 다른 달팽이의 몸속에 있는 부인을 짝사랑하게 되었다. 달 밝은 밤, 달맞이꽃 줄기에 앉아 달을 쳐다보고 있다가 그만 아름다운 달빛 때문이었을까. 그는 자신의 몸속에 있는 부인을 사랑하지 않고 다른 달팽이의 몸속에 있는 부인을 사랑하게 되었다.

신은 그를 보고 진노했다.

"네 이놈! 이번 한 번만은 용서해 주겠다. 두 번 다시 다른 부인을 사랑하면 네 등의 집을 불태워버리리라!"

그는 신의 진노가 두려웠다. 그러나 그녀를 사랑하는 마음만은 어쩔 수가 없었다. 결국 그는 신의 진노를 사게 돼 그만 등에 지고 다니던 집이 불타고 말았다.

민달팽이의 등을 보면 지금도 집이 불탄 밤색 자국이 가로로 길게 나 있다.

대통령이 된 가시나무

민주주의를 해보고 싶은 남해안 어느 섬에 나무들이 모여 회의를 했다. 그들은 그 자리에서 직선제 대통령을 뽑기로 의결하고 서둘러 대통령선거법을 정했다. 그리고 그 선거법에 따라 선거일을 공고하고 후보등록을 받았다.

그런데 뜻밖에도 아무도 후보등록을 하지 않는 불상사가 일어났다.

나무들은 다시 모여 문제점을 검토했다. 후보 자격 기준을 너무 까다롭게 정하지는 않았는지, 후보등록 신청금을 너무 많이 책정한 것은 아니었는지 여러 가지 문제점을 검토, 보완해서 다시 후보등록을 실시했다.

그러나 결과는 마찬가지였다. 단 한 나무도 대통령이 되겠다고 나서는 나무는 없었다.

나무들은 다시 긴급회의를 열었다. 이번에는 '대통령 추진대위원회'를 만들어 가장 나이 많은 나무 중에서 한 나무를 대통령으로 추대하는 형식을 취하기로 결정했다. 추대위원장은 나무들 사이에서 가장 젊고 인기가 있는 사과나무가 맡았다.

사과나무는 먼저 가장 나이가 많은 동백나무에게 찾아가 대통령이 되어줄 것을 간청했다. 그러나 동백나무는 발갛게 얼굴을 붉히고 손을 내저으며 거듭거듭 사양했다. "사람들이 좋아하는 동백기름을 만드는 일만 해도 벅차다"는 것이 그 이유였다.

사과나무는 다시 오동나무를 찾아갔다. 그러나 오동나무도 "사람들이 즐기는 거문고의 좋은 재료가 되기 위해 노력하기에 마음이 바쁘다"고 정중히 거절했다.

사과나무는 실망하지 않을 수 없었다. 내심 대통령이 되고 싶어도 선뜻 나서기가 거북해서 다들 겸양의 미덕을 발휘하고 있는 줄 알았는데 그게 아니었다.

그러나 다시 용기를 내어 포도나무를 찾아갔다.

"이웃 섬을 보십시오. 일찍이 민주주의를 꽃피워 우리보다 더 평화스럽게 잘 살고 있습니다. 우리도 하루속히 민주주의를 꽃피워 이웃 섬보다 더 잘 사는 섬을 만들어야 하겠습니다."

그러나 포도나무 역시 "사람들에게 맛있는 포도주를 만들어주는 일에 정성을 다해야 한다"는 말만 되풀이할 뿐이었다.

사과나무는 자신이 주인이 되는 삶을 살지 못하는 나무들의 그런 태도가 못마땅했다. 나무들은 오직 사람들을 위하여 존재하고 있는 것 같았다.

지금까지 사과나무는 자신이 인간을 위하여 열매를 맺는다고 생각해 본 적이 없었다. 열매를 맺는 일이란 그 무엇보다도 먼저 자신의 삶을 열심히 성실하게 산 하나의 결과라는 데에 보다 더 큰 의미를 두었다.

사과나무는 마지막으로 가시나무를 찾아갔다. 가시나무는 사과나무의 말이 떨어지기가 무섭게 기다렸다는 듯이 선뜻 대통령직을 수락했다.
"그래, 내가 너희들의 대통령이 되어주마. 너희들은 다들 내 그늘에 와서 마음껏 먹고 쉬도록 하여라."
가시나무는 거들먹거리는 목소리를 내었다. 사과나무는 어깨에 힘이 잔뜩 들어가 있는 가시나무가 독재자가 될까 봐 은근히 걱정이 되었다. 그러나 이제 달리 선택할 길은 없었다. 대통령이 되겠다고 수락해 준 것만 해도 고마운 일이었다. 다른 나무들도 걱정이 되는 눈치였으나 다들 입을 다물고 가만히 있었다.
사과나무의 그런 걱정은 적중되었다. 대통령이 된 가시나무는 자신의 분수를 알지 못했다. 자기가 가장 잘나서 대통령이 된 줄 알고 왕성한 번식력만을 자랑해 나갔다.
섬은 점점 가시나무 숲으로 뒤덮여갔다. 포도원도 과수원도 다들 못쓰게 되었다. 나무들은 후회했으나 이미 늦은 뒤였다. 나중에는 가뭄으로 불이 나 섬에 있는 모든 나무들이 몽땅 다 불타버리고 말았다.

아름다운 까닭

원래 비단벌레의 날개는 지금처럼 아름답지가 않았다. 지금은 금적색과 금록색이 한데 어우러져 비단처럼 아름다운 날개를 갖고 있지만, 예전에는 이름만 비단벌레였지 그 이름에 어울리는 날개를 갖지 못했다.

"하하, 이름만 비단이면 뭐해?"

그는 다른 벌레들한테 늘 그런 놀림을 많이 받았다. 그중에서도 개똥벌레한테 가장 놀림을 많이 받았다. 그는 밤하늘을 가르며 빛을 뿜고 지나가는 개똥벌레가 부러워 놀림을 당해도 뭐라고 대꾸 한마디 하지 못했다.

그는 어떻게 하면 이름 그대로 비단처럼 아름다운 벌레가 될 수 있을까 하고 곰곰 생각했다. 그러다가 문득 밤하늘의 찬란한 별빛을 가득 받으면 아름다워질 수 있을 것이라는 생각이 들었다.

비단벌레들은 밤마다 밤하늘의 별들을 바라보았다. 그러다가 그만 별들을 사랑하게 되었다. 별들 또한 비단벌레들을 사랑하게 되었다. 비단벌레를 사랑하는 별들의 마음이 빛날 때마다 비단벌레의 날개는 별빛으로 찬란했다.

지금도 비단벌레는 별들을 사랑한다. 날마다 밤이 되면 그리워 별들을 바라본다. 비단벌레가 지금까지 그 이름처럼 아름다운 것은 바로 그 까닭이다.

진정한 벌

새해가 되었다. 수많은 벌들이 깊은 산속 바위에 외따로 집을 짓고 사는 스승을 찾아갔다.

"스승님, 새해 복 많이 받으십시오."

벌들은 스승 앞에 엎드려 큰절을 올렸다.

"고맙다. 너희들도 복 많이 받아라. 그래, 어떻게 하면 우리가 진정한 벌이 될 수 있는지, 올해는 누가 말할 수 있겠는가?"

스승은 온화한 미소가 흐르는 얼굴로 제자들을 둘러보았다.

"결코 게으르지 않아야만 진정한 벌이라고 할 수 있습니다."

나무줄기에 알을 낳고 사는 송곳벌이 겸연쩍은 듯 앞날개를 비빈 뒤 먼저 입을 열었다.

스승은 말없이 고개를 저었다.

"친구를 위하여 목숨을 버릴 수 있어야만 진정한 벌이라고 할 수 있습니다."

 땅 위에 집을 짓고 사는 땅벌이 뒷다리를 바짝 치켜들고 말했다.

 그러나 스승은 여전히 고개를 저었다.

 "공동체를 위하여 내가 먼저 무엇을 할 것인가를 생각할 수 있어야만 진정한 벌이라고 할 수 있습니다."

 이번에는 사냥 잘하기로 소문난 사냥벌이 일어나 자신 있는 목소리를 내었다.

 스승은 여전히 고개를 저었다.

 이제 더 이상 입을 여는 벌은 없었다. 집 안에 무거운 침묵이 흘렀다. 얼마쯤 지났을까. 스승은 오랫동안 지그시 눈을 내려감고 있다가 조용히 입을 열었다.

 "이 어리석은 놈들! 벌써 몇 해째냐? 다들 물러가거라! 내 물음에 답할 수 없으면 내년엔 아예 찾아올 생각도 하지 말아라!"

 스승의 얼굴엔 실망과 분노의 그림자가 짙게 어렸다.

 그때였다. 맨 뒷구석에 쭈그리고 앉아 있던 일벌 한 마리가 부끄러운 듯 조심스럽게 자리에서 일어났다.

 "스승님, 제가 한 말씀 올리겠습니다. 저는 왜 우리 벌들이 꽃을 찾아가 달콤한 꽃가루와 물은 가져가고 은은한 햇빛과 향기는 그냥 놔두고 가는가 하는 문제를 깊이 생각해 보았습니다. 그래서 제 생각엔, 꽃에서 나는 단것 외에도 빛과 향기까지 가져갈 수 있어야만 진정한 벌이라고 할 수 있습니다."

 "오오, 그래, 네 말이 맞다! 빛과 향기마저 가져갈 수 있는 벌이 진정한 벌이다. 내 너희들에게 이제 가르침을 다했다. 이제야 마음 편히 눈을 감을 수 있겠구나."

스승은 일벌의 머리를 크게 쓰다듬었다. 그리고 그제서야 편안히 숨을 거두었다.

새의 일생

추위에 떨던 참새 한 마리가 길가에 쓰러져 얼어죽게 되었다. 겨울이라 먹을 것도 없는데다 날씨마저 추워 참새는 얼어죽을 날만 기다리고 있었다.

하루는 그런 참새에게 소 한 마리가 똥 한 무더기를 누고 지나갔다. 소가 똥을 눈다는 것이 하필이면 쓰러져 누워 있던 참새의 몸에 누고 간 것이다.

거의 빈사상태에 놓여 있던 참새는 갑자기 자신의 몸이 따뜻해지는 것을 느끼게 되었다. 쇠똥의 온기에 참새의 얼었던 몸이 차차 풀어지게 된 것이다.

기운을 차리게 된 참새는 참새도 죽으라는 법은 없나 보다 하고 신께 감사하는 마음으로 열심히 노래를 불렀다.

그런데 노래 한 곡이 다 끝나기도 전에 한 농부가 삽으로 쇠똥을 떠서

집으로 가져갔다. 평소 구부러진 못 하나도 버리지 않을 정도로 알뜰한 농부는 나중에 땔감으로 쓸 작정으로 볕이 잘 드는 남향받이 댓돌 위에다 쇠똥을 놓아두었다.

  쇠똥은 하루 종일 볕을 쪼이게 되었다. 참새는 온몸이 따스한 게 여간 좋지 않았다. 이제 추위의 고통에서 완전히 벗어날 수 있게 되었다 싶어 다시 한 번 신께 감사한 마음이 들었다.

  그러나 참새의 그러한 마음은 그리 오래가지 않았다. 참새는 하루하루 자신의 몸이 옥죄어드는 것을 느끼게 되었다. 날이 갈수록 쇠똥의 수분이 증발돼 숨쉬기도 힘들 뿐 아니라 발가락 한 번 꼼지락하기도 힘이 들었다. 결국 참새는 바짝 마른 쇠똥 안에 갇혀 꼼짝달싹도 할 수 없는 신세가 되고 말았다.

  참새의 몸과 마음은 차츰 야위어갔다. 양지 바른 댓돌 위에는 농부가 주워온 쇠똥이 차츰 늘어났다.

  어느 추운 날, 농부는 그동안 주워 말린 쇠똥을 모두 화덕에 넣어 불을 지폈다.

우리 동네 샘물

　내가 살던 고향 마을에는 늘 마르지 않는 샘이 하나 있었다. 사시사철 그 어느 때에도 물이 마르지 않아 사람들은 평생 물 걱정을 하며 사는 일이 없었다. 논바닥이 거북 등처럼 쩍쩍 갈라지는 여름 가뭄 때에도 유독 그 샘에서만은 차고 맑은 물이 퐁퐁 솟아났다. 겨우내 눈이 내리지 않아 몇 십 년 만에 겨울 가뭄이 들었다고 난리가 나도 우리 동네 샘물만은 결코 마르는 법이 없었다.

　마을 사람들은 누구나 그 샘을 자랑하였으며, 또한 사랑하였다. 어른들은 들에 나가 김을 매다가 돌아와서는 꼭 그 샘물에다가 손발을 씻었다. 나와 같은 조무래기들도 하루종일 땡볕에서 뛰어 놀다가 저녁 먹을 때가 되면 그 샘가에 가서 땟국을 씻고 집으로 돌아가곤 했다. 보자기에 싼 책보따리를 등허리에 질끈 동여매고 10리나 되는 읍내 초등학교에서 지쳐 돌아올 때면 나는 으레 그 샘물을 한 바가지 마시고 나서야 다시 힘을 얻곤 했다. 동네 아낙네들은 매일같이 그 샘물을 길어다 밥을 지었으며, 그 샘가에 와서 빨래를 하는 젊은 아낙네도 있었다.

샘은 바로 마을 사람들의 젖줄이었으며, 마을 사람들 중에 그 샘을 애지중지하지 않는 사람은 단 한 명도 없었다. 물론 나는 그 중의 한 사람이었다.

내가 청년이 되어 고향 마을을 떠날 때까지 그 샘은 나를 키워준 또 하나의 어머니였다. 그런데 나는 늘 흘러 넘치는 샘물이 아깝다고 생각되었다. 이웃 마을 사람들이 그 샘물을 길어가는 것조차 아까워 어떤 땐 속이 상할 때가 있었다. 그래서 어떤 때는 그 물을 일부러 몇 바가지씩 떠서 물배를 채워보기도 하고, 아무 쓸데도 없이 물을 길어다가 그냥 길가에 버리기도 하고, 심지어는 그 물을 몇 동이나 길어다가 뒷간을 말끔히 청소하기도 했다.

그러나 그 물은 언제나 흘러 넘치기만 할 뿐 조금도 줄어들지 않았다. 그 아까운 샘물이 흘러 넘치지 않도록 아무리 머리를 싸매고 궁리를 해도 별달리 뾰족한 수가 없었다.

나의 그러한 생각은 내가 고향을 떠난 후에도 계속되었다. 도시에서 돈을 주고 물을 사먹을 때마다 그러한 생각은 점점 더 깊어져갔다.

그러나 나는 이제 그때의 내 생각이 얼마나 잘못된 것인가를 잘 알고 있다. 샘물이 흘러 넘치지 않으면 그대로 썩고 만다는 것을 비로소 깨닫게 된 것이다. 그리고 그것이 사람도 마찬가지라는 사실도 알게 되었다. 사랑이 없으면 사람은 죽고 만다는 것을, 사람도 늘 그 샘물처럼 서로 사랑이 흘러 넘쳐야만 살 수 있다는 것을.

새싹

 날은 어두웠다. 감옥의 작은 창으로 아침햇살이 스며들어도 살인죄를 저지른 그는 조금도 밝음을 느낄 수 없었다. 눈에 보이는 것은 온통 어둠뿐이었다. 그에게 남은 소원이 있다면 하루속히 형이 집행돼 저승길로 떠나는 것뿐이었다.

 하루는 그런 그에게 형조에서 사람이 나왔다. 그는 혹시 오늘 형이 집행되는 게 아닌가 하고 잔뜩 긴장했으나 형조에서 나온 사람의 말은 뜻밖이었다.

 "자네, 살고 싶지 않은가?"

 "사람을 죽인 제가, 어떻게 살기를 바라겠습니까?"

 그는 잔뜩 어깨를 움츠렸다.

 "살 수 있는 좋은 방법이 있네. 내가 오늘 그 방법을 알려주려고 일부러 자네를 찾아왔네."

형조에서 나온 사람이 육모방망이로 그의 어깨를 툭툭 쳤다.

"망나니가 되게. 이번에 살인 죄수들 중에서 망나니 몇 명을 고르기로 했는데, 자넨 어떤가? 망나니가 되면 지금 당장 석방시켜 주겠네. 이번에 천주학쟁이들이 많이 잡혔는데, 그놈들 목을 칠 망나니들이 필요하네. 어떤가? 이번 기회에 망나니 일을 한번 해보지 않겠는가? 사형수로서 목숨을 건질 절호의 기회일세."

그는 조금도 망설이지 않았다. 살 수만 있다면 무슨 일인들 못하랴 싶었다.

"살려만 주신다면 무슨 일이든 하겠습니다. 저에게도 노모에게 효도할 수 있는 기회를 한번 주십시오."

그는 망나니가 되어 무수히 많은 천주교인들을 죽였다. 그는 망나니 중에서도 아주 단칼에 목을 쳐죽이는 망나니로 유명했다.

그는 천주학쟁이들을 죽일 때마다 통나무 토막을 이용했다. 통나무 토막에 죄인의 목을 척 올려놓게 하고는 먼저 칼춤을 추었다. 어떤 때는 칼춤을 추기 전에 죄인의 얼굴에 물을 뿜고 석회를 뿌리기도 하고, 귀에 화살을 꽂고 이리저리 구경꾼 사이로 끌고 다니기도 했다.

그런 어느 해 가을이었다. 그는 겨울 땔감을 준비하다가 오동나무를 베어 사형집행장에서 쓸 통나무 토막을 하나 마련해 두었다.

오동나무 토막은 마당에 버려진 채 겨우내 눈을 맞기도 하고 비를 맞기도 하다가 봄을 맞았다.

봄이 되자 다시 천주학쟁이들을 잡아 죽이는 일이 대대적으로 벌어졌다. 그는 새로 마련한 오동나무 토막을 가지고 한강 새남터로 향했다. 거기엔 천주학쟁이들의 죽음을 구경하려는 사람들로 들끓었다.

햇살은 눈부셨다. 그는 한 천주학쟁이의 목을 오동나무 토막 위에 올려놓았다. 가냘픈 소녀의 목이었다. 소녀는 조금도 두려워하는 빛이 없었다. 눈을 들어 하늘을 바라보며 입가에 엷은 미소를 띠었다.

그는 소녀의 미소가 마치 자기를 비웃는 웃음인 것 같아 재빨리 칼에 물을 뿜고 망나니 춤을 추었다. 서서히 칼을 휘두르고 번갈아 한쪽 다리를 들었다 놓으면서 빙빙 원을 그렸다. 그러다가 툭 춤을 멈추고 한순간에 소녀의 목을 내리칠 참이었다.

그런데 칼에 힘을 주고 소녀의 목을 막 내리치려던 순간이었다. 그의 눈에 통나무 토막 한쪽이 뭔가 푸른빛으로 눈부셨다. 그는 칼을 내리치려다 말고 얼른 그것이 무엇인지 살펴보았다.

아, 그것은 연하디 연한 새싹이었다. 겨우내 마당에 쓰러져 나뒹굴던 오동나무 토막에서 푸른 싹이 돋은 거였다.

극락조

그는 세상에 꽃으로 태어났다. 그것은 그가 꽃으로 태어나 인간을 위해 살게 해달라고 부처님께 간곡하게 부탁을 드렸기 때문이다. 부처님은 그를 아주 어여삐 여겨 그가 원하는 꽃으로 태어나게 하는 아량을 베풀었다.

처음에 그는 붉은 장미꽃으로 태어났다. 사람들이 사랑하는 이에게 장미꽃을 바치면서 사랑을 고백하는 모습이 보기에 좋아 그는 먼저 그런 꽃이 되고 싶었다.

그의 소원은 곧 이루어졌다. 화창한 6월 어느 날, 그는 키 큰 한 청년의 손에 한아름 들려 한 여자의 집을 방문하게 되었다.

"어머, 자기!"

여자는 그를 받아들고 활짝 웃음을 터뜨렸다. 장미꽃으로 태어난 것이 더없이 행복한 순간이었다.

그러나 장미꽃으로 태어난 것이 꼭 행복한 일만은 아니었다. 장미꽃을 바쳐도 사람들 사이에 사랑이 이루어지지 않는 경우도 있었다.

한번은 남자한테서 받은 그를 쓰레기통에 던져버린 여자도 있었다. 또 어떤 여자는 사람들이 많이 오가는 지하철역 구내에다 그를 버린 일도 있었다. 그는 얼마나 놀랐는지 모른다. 그런데 더욱 놀란 것은 그렇게 버려진 그를 아무도 거들떠보지도 않는다는 점이었다. 어떤 남자가 버려진 그를 주우려고 하자 그의 팔짱을 끼고 있던 여자가 "줍지 마. 저건 사연이 있는 꽃이야. 재수 없어" 하고 말했다.

장미꽃으로 피어난 그는 그렇게 사람들 발에 마구 짓밟히면서 외롭게 죽어갔다. 환경미화원 아줌마가 그를 쓰레기통에 처박아버렸을 때에는 장미꽃으로 태어난 일이 거듭 후회되었다.

이듬해 봄. 그는 저수지가 있는 어느 시골의 둑길 위에 보랏빛 제비꽃으로 태어났다. 그는 처음엔 저수지 수면 위에 반짝이는 햇살을 바라보는 것만으로도 행복했다. 가끔 햇살을 머금은 부드러운 바람이 그를 스치고 지나가면 세상에 자기보다 더 행복한 꽃은 없는 것 같았다.

그러나 차차 시간이 지날수록 외로움이 느껴졌다. 학교를 오가는 초등학생들 외엔 아무도 그에게 눈길을 주는 이가 없었다. 더구나 그에게 제비꽃이라는 이름 외에도 오랑캐꽃이라는, 별로 좋은 의미가 아닌 또 다른 이름이 있다는 사실이 적이 실망되었다.

그래서 이듬해 봄에는 서울의 어느 아파트 화단으로 장소를 옮겨 피어나 보았다. 여전히 아무도 그에게 관심을 갖지 않았다. 관심은커녕 잔디 깎는 기계 속으로 빨려 들어가 제비꽃으로서의 짧은 일생을 마치고 말았다.

그후 해마다 봄이 되면 그는 개나리로 목련으로 갖가지 꽃으로 다시 태어났다. 그러나 그런 꽃들은 왠지 그가 피어나고 싶은 꽃들이 아니었다. 그래서 어느 해 봄부터는 어느 시인의 집에서 춘란으로 태어나 은은히 향기를 내뿜으며 나름대로 만족스러운 삶을 살고 있었다. 그런데 그의 향기를 누구보다도 아끼고 좋아하던 시인이 어느 날 갑자기 죽고 말았다.

그는 그 시인의 죽음을 위해 어떻게 해야 할지 알 수 없었다. 먼길을 떠나는 그의 영구차를 춘란 향기로 가득 감싸는 일 외에 달리 할 수 있는 일이 없었다.

그런데 그날, 영구차가 쓸쓸히 저승길을 향해 떠나던 그날, 어디서 날아왔는지 온몸에 주황색을 띤 아름다운 새 한 마리가 날아와 계속 영구차 뒤를 따라갔다.

"네 이름이 뭐니? 도대체 넌 어디서 날아온 거니?"

그는 새에게 다가가 연거푸 질문을 퍼부었다.

"난 극락조라고 해. 멀리 바닷가 숲 속에서 시인의 영혼을 위로해 주기 위해서 날아왔어. 죽은 사람의 영혼을 극락으로 인도해 주는 것이 내가 하는 일이야."

"아, 그렇구나. 난 누군가 했지. 부디 이 젊은 시인을 극락으로 잘 인도해 줘."

그는 그렇게 말하고 나자 자기도 극락조와 같은 역할을 하는 꽃으로 태어나고 싶다는 생각이 들었다.

　이듬해 봄. 그는 인간의 영혼을 극락으로 인도할 수 있는 '극락조'라는 이름의 꽃으로 태어났다. 그리고 그 이후로도 계속 극락조로 피어났다.

　지금도 영결식장에 놓인 화환을 살펴보면, 흰 국화꽃 사이로 길게 새 부리 모양을 한 주황색 꽃들이 고개를 내밀고 있을 것이다. 그 꽃이 바로 그다.

서울의 예수

서울 시청 건너편 덕수궁 돌담길이 막 끝나는 곳에 성공회 성당이 있다. 그 성당 출입구 붉은 벽엔 십자고상이 하나 걸려 있다. 거기엔 아주 인간적인 몸매를 한, 마치 로댕의 조각처럼 남성의 근육미가 돋보이는 한 사내가 고개를 떨구고 매달려 있다.

사람들은 그 사내를 무척 사랑했다. 인근의 직장인들은 점심 시간이면 성공회 뜰에 앉아 자판기 커피를 들면서 그 사내가 인간에게 사랑을 가르치기 위해 십자가에 못 박혀 죽었다는 이야기를 나누곤 했다.

그런 어느 날 밤, 십자고상에 매달린 사내가 보이지 않았다. 낮에만 해도 분명 십자가에 매달려 있었는데, 밤이 되자 십자가는 그대로 있고 사내의 모습만 어디론가 사라져 보이지 않았다.

밤마다 사내가 없어진다는 사실을 처음 발견한 수녀가 즉각 주교한테 보고했으나, 주교라고 해서 사내를 쉽게 찾아낼 수 있는 건 아니었다. 아

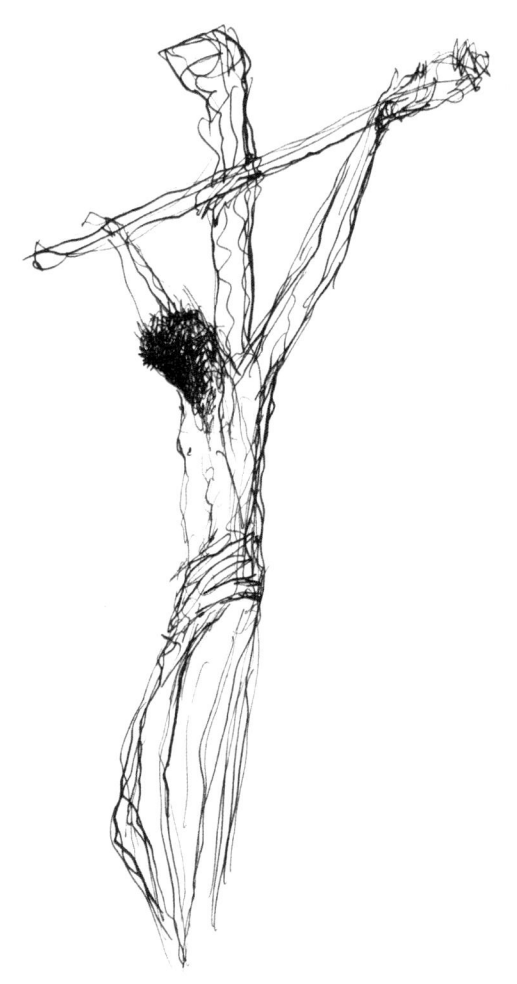

니, 애써 찾으려고 노력하지 않아도 되었다. 아침이면 사내는 어느새 두 팔을 축 늘어뜨리고 한쪽 무릎을 약간 치켜세운 채 언제 그런 일이 있었느냐는 듯 여전히 십자가에 매달려 있었다.

그런 일은 매일 밤 계속되었다. 수녀는 사내가 어디로 가는지 궁금해 매일 밤 뒤쫓아가 보았으나 번번이 덕수궁 대한문 앞에서 사내를 놓쳐버리기 일쑤였다. 수녀는 더 이상 사내를 뒤쫓아가는 일을 포기했다. 굳이 뒤쫓아가지 않아도 사내는 아침이면 어김없이 십자가에 매달려 햇살에 고요히 고개를 떨구고 있었다.

그런데 서울에 첫눈이 내린 날 아침, 사내가 돌아오지 않는 불상사가 발생했다. 덕수궁 쪽으로 눈 위에 발자국만 나 있을 뿐 사내의 모습은 어디에도 보이지 않았다.

하루가 지나고 이틀이 지나도 사내는 돌아오지 않았다. 성당의 모든 이들이 사내를 찾으러 다녔으나 아무도 사내를 찾을 수가 없었다. 다만 며칠 뒤 조간 신문에 신림동 달동네에 사는 소년가장이 인척인 듯한 청년 한 사람과 연탄가스에 중독돼 변사체로 발견되었다는 기사가 짤막하게 났을 뿐이었다.

노다지의 주인

신씨는 조상 대대로 물려오던 밭뙈기를 팔아 금광 한 구덩이를 산 일이 후회되었다. 광산에서는 중요한 몇몇 광구 외에 나머지 광구는 '분광'이라고 해서 몇 구덩이씩 나누어 파는데, 거기에서 금이 나오는 것을 보고 신씨는 밭을 팔아 분광 하나를 샀다.

신씨는 노다지를 캐겠다는 다소 허황된 꿈이었지만 그 꿈을 이루기 위해 열심히 일을 했다. 집에서 자는 날보다 금광에서 자는 날이 더 많았다. 남들처럼 힘든 일을 한다고 술에 의지하는 경우도 드물었다.

"신씨는 노다지를 캘 거야. 틀림없어. 두고보라고. 저렇게 열심히 하는데 신씨가 안 캐고 누가 캐겠어."

사람들은 부지런히 일하는 신씨를 보고 다들 그렇게 말했다. 그의 성실성으로 봐서 군소리 없이 돈을 빌려주는 이도 있었다.

그러나 하늘은 무심했다. 신씨는 3년째 구덩이를 파고 들어갔으나 금

줄이 박힌 광석 하나 나오지 않았다. 이웃한 다른 구덩이에서는 가끔 노다지를 발견했다는 소식이 들려왔으나 신씨한테는 그런 행운이 따라주지 않았다.

신씨는 낙망한 나머지 몸과 마음이 차차 지쳐갔다. 술을 마시지 않던 신씨가 차츰 술청을 찾는 일이 잦아졌다. 이제는 노다지를 캐는 일보다 이리저리 빌린 돈을 갚는 일이 급선무였다.

신씨는 고민이 되었다. 마음 같아서는 모든 걸 팔아치우고 당장 빚잔치라도 하고 싶었다. 그러나 그럴 수는 없었다.

'아냐, 난 할 수 있어! 해낼 수 있어!'

신씨는 딱 한 해만 더 열심히 해보기로 하고 부지런히 구덩이를 파나갔다. 그러나 스스로 약속한 한 해는 또 아무런 소득 없이 지나갔다. 신씨는 나머지 남아 있던 농토를 다 팔아 우선 급한 빚을 갚았다. 그리고 또 한 해를 열심히 일했다. 그러나 그해도 아무런 소득이 없었다.

신씨는 그제야 자신이 실패했다는 사실을 인정하지 않을 수 없었다. 더 이상 금광에 매달리는 것은 무모한 일이었다.

신씨는 금광을 팔려고 내놓았다. 금광은 내놓자마자 당장 임자가 나섰다. 이웃에 사는 김씨였다. 신씨로서는 금도 나오지 않은 금광을 사겠다고 나서는 사람이 있는 것만 해도 다행이었다.

그런데 신씨가 금광을 판 뒤 열흘쯤 되는 날이었다. 주막에 나가 술을 들고 있는데 김씨가 노다지를 캤다는 말이 들려왔다. 신씨는 놀라 술사발을 팽개치고 김씨에게 달려갔다.

"아니, 내가 5년이나 파도 안 나오던 구덩이에서 금이 나왔다니, 그게 정말이오?"

"정말입니다. 이걸 한번 보십시오!"

김씨는 흥분한 목소리로 주먹만한 금광석 하나를 신씨에게 보여주었다.

"일을 시작한 지 이틀만에 1미터쯤 파고 들어가자 이렇게 노다지가 쏟아져나왔습니다!"

신씨는 무슨 말을 해야 할지 알 수 없었다. 그저 멍하니 자신이 피땀 흘려 파던 구덩이만 쳐다보았다. 1미터만 더 파면 될 것을 그것을 참지 못하고 다른 사람에게 금광을 판 자신이 너무나 어리석게 느껴졌다.

낙타의 모성애

세 명의 상인이 낙타를 타고 사막을 가고 있었다. 그들이 집을 떠나 사막을 걷기 시작한 지 이미 두 달째였다. 그들은 지칠 대로 지쳐 있었다. 넉넉하게 준비했던 물과 음식도 바닥난 지 오래였다.

그들은 갈수록 갈증과 허기를 견디지 못해 정신이 혼미해졌다. 늘 다니던 길이건만 어디가 어디인지 방향조차 제대로 잡지 못했다. 가도 가도 모래 언덕만 나올 뿐 길을 잃은지도 이미 오래였다. 그들은 차차 절망 속으로 빠져 들어갔다. 머지않아 죽음이 찾아올 것이라는 두려움에 몸을 맡겼다.

그들이 살 수 있는 길은 오직 오아시스를 찾는 길뿐이었다. 물이 있는 곳을 발견하지 못하면 곧 죽음뿐이라는 사실을 그들은 잘 알고 있었다.

그러나 그들은 오아시스를 발견할 수 없었다. 갑자기 오아시스가 보여 겨우 달려가 보면 한낱 신기루에 불과했다.

그들 중 가장 나이가 어린 셋째 대상이 낙타의 등에 앉은 채 정신을 잃었다. 이어 곧 나머지 두 사람도 정신을 잃었다.

태양볕은 여전히 뜨거웠다. 그들은 그렇게 낙타 등에 실린 채 뜨거운 사막을 가고 있었다.

그러나 신은 그들의 편이었다. 신은 그들을 그대로 죽도록 내버려두지 않았다. 그들이 낙타 등에 실려 정신을 잃고 있을 때 신은 낙타로 하여금 그들을 나무와 그늘이 있는 물가로 인도해 주었다.

그들은 곧 원기를 회복했다. 그러나 신은 완전히 그들을 돕지는 않았다. 셋째 대상이 열에 들떠 앓다가 그만 눈을 감고 만 것이다. 나머지 두 대상은 눈물을 흘리며 그를 사막의 모래 속에 묻었다.

"이제 내 동생의 무덤을 찾을 길이 없겠군요."

둘째 대상이 눈물을 흘리며 슬퍼했다.

그러자 첫째 대상이 말했다.

"너무 슬퍼하지 마십시오. 낙타 새끼를 죽여 동생하고 같이 묻고 떠나면 됩니다."

"낙타가 우리를 살렸는데, 어떻게 그 새끼를 죽일 수 있단 말입니까?"

둘째 대상은 첫째 대상의 말에 강한 의구심을 나타냈다.

그러나 첫째 대상은 둘째 대상의 말을 묵살하고 선한 눈빛을 지닌 낙타 새끼를 죽였다. 어미 낙타가 보는 앞에서 새끼를 죽여 셋째 대상과 함께 모래 속에 묻었다. 그리고 멀리 사막의 언덕을 보며 말했다.

"낙타는 자기 새끼가 죽어 사막에 묻히면 오래도록 그 장소를 기억합니다. 그래서 우리 대상들 가운데 누가 죽어 사막에 묻을 때는 낙타 새끼를 죽여 함께 묻습니다. 나중에 어미 낙타를 데려오면 그 무덤을 쉽게 찾아낼 수 있기 때문입니다. 그만큼 낙타는 자기 새끼에 대한 모성이 강하지요. 당신도 언젠가는 나처럼 어쩔 수 없이 낙타 새끼를 죽이게 되는 날이 올 것입니다."

3장

수평선 너머엔 무엇이 있을까

바람을 미워한 은행나무

바람을 미워하는 한 은행나무가 있었다. 원래 바람과 나무는 친한 사이였으나, 이 어린 은행나무는 바람이라면 얼굴부터 잔뜩 찡그렸다.

고향을 떠나 은행나무가 어느 거리의 가로수로 심어진 날 밤이었다. 봄밤이었지만 날씨가 제법 쌀쌀한 편이어서 그는 잔뜩 몸을 웅크리고 있었다.

'집을 떠나온 일이 기쁘기도 하고 무섭기도 하구나.'

그는 가슴을 조금 펴고 별을 바라보며 떠나온 고향집을 생각했다.

"엄마, 난 엄마하고 살고 싶어. 떠나기 싫단 말이야."

그가 엄마 손을 놓지 않고 엄마한테 매달리자 엄마는 "떠나지 않으면 어른이 될 수 없다"고 그를 달랬다.

"아가, 여길 떠나지 않으면 넌 어른이 될 수 없단다. 네 형들도 다들 여길 떠났기 때문에 아름다운 가로수가 되었단다."

"난 어른이 안 되어도 좋아. 그냥 엄마 곁에 있을래."

"넌 어떻게 그렇게 마음이 작고 어리니? 꿈을 크게 가져야지. 우리 은행나무들은 몇백 년씩 살아. 그래서 사람들이 자식을 못 낳으면 우리한테 와서 기도를 올리기도 한단다. 용문사라는 절 앞에는 천 년이 된 은행나무도 있단다."

"우리가 그렇게 오래 살아요?"

"그럼, 그러니까 너도 여길 떠나 어른이 돼야 해. 어른이 되지 않으면 은행나무라고 할 수 없단다."

그는 어른이 되고 싶지는 않았지만, 어른이 되지 않으면 은행나무라고 할 수 없다는 엄마의 말씀을 따라 사람들이 운전하는 트럭에 실려 어느 도시의 가로수로 심어졌다.

"넌 안 춥니?"

옆에 있던 친구가 파르르 입술을 떨면서 말을 걸었다.

"나도 추워. 그렇지만 별빛이 따스하게 느껴져서 괜찮아. 너도 별을 바라보렴."

그는 친구에게 그런 말을 한 뒤 잠을 청했다. 그런데 잠을 잘 수가 없었다. 언제부터인가 서서히 바람이 불어왔기 때문이다. "어디를 가든 처음부터 뿌리를 잘 내려야 죽지 않고 살 수 있다"고 엄마가 신신당부하던 생각이 나 그는 뿌리를 잘 내리려고 부단히 애를 썼다.

그러나 뿌리는 하룻밤 사이에 내릴 수 있는 게 아니었다. 흙이 그를 단단하게 감싸주기에는 아직 많은 시간과 노력이 필요했다. 그런데 뿌리를 채 내리기도 전에 강한 바람이 불어와 그를 흔들어대기 시작했다.

바람은 그치지 않고 계속 불어왔다. 그는 이대로 쓰러져 죽어버리는 건 아닌가 하고 몹시 겁이 났다. 그렇지만 그저 바람에게 몸을 맡기고 스스로 쓰러지지 않도록 참고 견디는 수밖에 없었다.

다행히 먼동이 트고 아침이 오자 바람은 잦았다.

'바람이 그치니까 이제 좀 살겠군. 이젠 더 이상 바람이 불어오지 않겠지.'

그는 아침햇살에 몸을 맡기며 안도의 한숨을 내쉬었다.

그러나 바람은 밤만 되면 무섭게 불어왔다.

바람이 불어올 때마다 그는 뿌리째 흔들렸다.

'이렇게 바람이 부는데, 엄마는 왜 집을 떠나라고 한 거야?'

그는 엄마가 원망스러웠지만, 이젠 엄마를 원망하기 전에 불어닥치는 바람을 먼저 이겨내지 않으면 안 되었다.

"별들아, 어떻게 좀 바람이 안 불어오게 할 수 없니? 너희들이 어떻게 좀 해봐."

"그럴 수는 없단다. 우리가 밤하늘에 떠 있어야 살 수 있는 것처럼 바람도 그렇게 움직여야만 살 수 있는 거란다."

그는 어떻게 하면 바람에 쓰러지지 않을 수 있을까 하고 가능한 한 땅속 깊이 뿌리를 뻗어 내리려고 애를 썼다.

그러나 늘 바람이 문제였다. 바람은 가지에 내려앉은 별빛과 햇살을 떨구기도 하고 새들을 내쫓아버리기도 했다. 어떤 때는 새들이 막 짓기 시작한 둥지마저도 떨어뜨려버렸다. 오랜만에 깊은 잠이라도 자고 있으면 어느새 잠을 흔들어버리는 것 역시 바람이었다. 그뿐 아니라 바람은 비닐봉지나 휴지조각 따위를 둥지 밑에 쓸데없이 수북이 모아두었다.

은행나무는 그런 바람이 늘 미웠다. 어떻게 하면 바람을 잡아버릴 수 있을까 하고 단 하루도 생각하지 않은 날이 없었다. 그러나 바람은 그에게 잡히지 않았다. 두 팔을 벌려 재빨리 움켜잡아도 바람은 어느새 한 발 앞서 그의 손아귀를 빠져나갔다.

"나는 바람이 미워 죽겠어. 어떻게 하면 바람을 잡아버릴 수 있을까."

그가 그런 말을 하면 친구들은 자꾸 킬킬 웃기만 할 뿐이었다.

"아니, 너희들은 바람이 밉지도 않단 말이니? 우리를 이렇게 고생시키는데도?"

그는 친구들이 웃든 말든 바람을 잡으려는 노력을 잠시도 포기하지 않았다. 조금 과장되게 말한다면, 그의 하루하루는 어떻게 하면 바람을 잡아버릴 수 있을까 하는 데에 초점이 맞춰져 있었다.

곧 가을이 다가왔다. 거리엔 낙엽이 우수수 떨어졌다. 부채꼴 같은 그의 잎과 자그마한 사탕알 같은 그의 열매도 노랗게 물이 들었다.

그의 친구들은 바람이 불 때마다 황색 열매와 잎을 떨어뜨렸다. 소녀들이 은행잎을 주워 서로 책갈피 속에 넣으면서 까르르 웃곤 했으며, 어떤 사람들은 땅에 떨어진 열매를 약으로 쓴다면서 일일이 봉지에 주워담기도 했다.

그의 잎새들도 이제 뿌리로 돌아가야 할 때가 찾아온 것을 알고 땅 위로 떨어질 때를 기다렸다. 그의 열매 또한 마찬가지였다. 나무를 떠나 이 세상 어딘가에서 또 하나의 은행나무가 될 날을 꿈꾸었다.

아, 그런데 도대체 이게 무슨 일일까. 아무리 기다려도 그의 잎과 열매는 떨어지지 않았다. 친구들은 잎과 열매를 다 떨어뜨리고 첫눈을 기다리며 겨울을 맞이하고 있는데, 오직 그만이 잎과 열매를 떨어뜨리지 못하고 있었다.

'어? 곧 겨울인데, 왜 나만 낙엽이 지지 않는 거지? 도대체 왜 이러는 거지?'

그는 몸을 마구 흔들어보았다. 그러나 아무리 몸을 흔들어도 잎과 열매가 땅으로 떨어지지 않았다.

그런 가운데 곧 겨울이 찾아왔다. 다른 은행나무들은 잎을 다 떨구고 앙상한 가지만 남아 있었으나, 그는 여전히 온몸에 잎과 열매를 그대로 달고 있었다.

지나가는 사람들이 신기하다는 듯이 그를 쳐다보고 쑤군거렸다. 그러자 신문기자들이 찾아와 사진을 찍고 신문에 내었으며, 텔레비전 방송에서도 그를 찍어 뉴스 시간에 '낙엽이 지지 않는 은행나무'가 있다고 보도했다.

그는 일약 유명한 은행나무가 되었다. 많은 사람들이 그를 구경하러 몰려왔다. 그는 우쭐해졌다. 자신이 아주 특별한 존재가 되었다고 생각했다. 그러나 친구들은 그런 그를 불쌍한 눈으로 쳐다보았다. "왜 날 그런 눈으로 보는 거냐"고 말을 붙여도 아무것도 아니라고 하면서 제대로 대답조차 하지 않았다.

'친구들이 왜 저러는 것일까? 내가 유명해져서 시기하는 것일까?'

그는 친구들이 왜 그러는지 알 수 없어 하루는 밤하늘의 별들을 바라보며 고요히 생각에 잠겼다.

그날 밤. 그는 문득 잎과 열매를 떨구지 못하면 봄을 맞이할 수 없게 되고, 봄을 맞이할 수 없게 되면 결국 죽음을 맞이할 수밖에 없다는 사실을 알게 되었다.

'맞아. 그래서 친구들이 날 불쌍한 눈으로 쳐다본 거야. 도대체 이 일을 어떡하면 좋지?'

그는 깊은 고민에 휩싸였다. 누구에게 도움을 청해야 할지 알 수 없었다. 그는 다급해진 마음에 그토록 미워했던 바람에게 도움을 청했다.

"미안하다. 바람아. 날 용서해 줘. 널 미워했기 때문에 내가 이렇게 된 거 잘 알아. 내가 잘못했어. 이제 날 용서해 주고, 내 잎과 열매를 좀 떨어뜨려 줘. 응?"

그날따라 바람이 불어오지 않았지만, 그는 새벽이 지나도록 간절히 그런 부탁을 하다가 잠이 들었다.

다음 날 아침, 온몸에 썰렁한 느낌이 들어 일어나 보니 그의 잎과 열매가 땅에 다 떨어져 있었다.

"축하해. 우린 널 얼마나 걱정했는지 몰라."

친구들이 서로 가지를 뻗어 그를 축하해 주었다. 그는 눈물이 핑 돌았다.

"바람이 강하게 부는 것은 널 강하게 하기 위해서야. 바람이 불지 않았다면 넌 뿌리가 약해 어쩌면 금방 쓰러지고 말았을지도 몰라. 그런데 바람이 강하게 자꾸 불어오니까 넌 쓰러지지 않으려고 깊게깊게 뿌리를 내린 거야. 그게 다 바람이 널 위해서 한 일이야. 사실 우린 바람에게 감사해야 돼. 바람이 아니었다면 이렇게 성숙한 어른이 되지는 않았을 거야."

"그래, 맞아. 내가 어리석었어."

그는 부끄러움에 친구들의 손을 덥석 잡았다. 바람이 살며시 그의 어깨를 어루만져주었다.

친구를 사랑한 개

저는 에스키모의 개입니다. 북극의 에스키모인들과 함께 사는 개이지요. 에스키모인들은 전래의 교통수단으로 흰곰 가죽으로 만든 눈썰매를 이용하는데, 그 눈썰매를 제가 끕니다. 가슴과 등허리에 씌운 가죽끈을 마치 한국여성의 코고무신처럼 생긴 썰매에다 길게 연결하여 신나게 북극의 얼음판 위를 달립니다.

물론 저 혼자 끄는 게 아니지요. 썰매가 작고 탄 사람이 한두 명일 땐 두세 마리가 끌지만 보통 10여 마리가 함께 끕니다. 북극의 태양 아래 길게 그림자를 이루며 빙원을 달리는 우리의 모습은 일대 장관이랍니다.

그런데 어느 해부터인가 저는 병이 들었답니다. 이제는 기운이 없어 조금만 달려도 숨이 차고 마냥 주저앉고 싶어진답니다. 그 누구보다도 가슴 근육이 발달하고, 그 누구보다도 빨리 달려 주인의 사랑을 독차지했으나 이제는 나이가 든 탓이지요.

한번은 빙하 지역에서 툰드라 지역으로 이동할 때였습니다. 주인은 줄을 짧게 해서 저를 썰매 가까이에다 두고 달리게 했습니다. 썰매가 달리는 속도가 늦거나 친구들이 조금이라도 지치는 기색이 있으면 채찍을 들어 사정없이 저의 등줄기를 후려쳤습니다.

저는 비명을 내지르지 않을 수 없었습니다. 고통에 찬 저의 비명 소리에 친구들은 젖 먹던 힘까지 내어 힘껏 달렸습니다. 제가 비명을 내지를 때마다 친구들은 채찍이 자기들의 등줄기에 떨어질까 봐 겁이 나 더욱더 열심히 달렸습니다.

예전에 저도 그랬습니다. 병약해 죽어도 아깝지 않은 친구가 있으면 주인은 꼭 그 친구를 썰매 가까이에다 두고 가죽채찍으로 후려쳤습니다. 그러면 저는 친구의 비명 소리에 놀라 정신없이 빙원을 달렸습니다. 자칫 잘못 그 채찍이 제 등줄기 위에 떨어질까 봐 얼마나 가슴 졸이면서 달렸는지 모릅니다. 친구의 처절한 비명 소리가 우리들을 힘껏 달리게 하는 셈이지요. 주인은 바로 그 점을 노렸습니다.

저는 이제 제게 죽음이 다가왔다는 사실을 잘 압니다. 그동안 주인의 채찍을 맞으며 빙원을 달리다가 죽어간 친구들을 수없이 많이 봐왔으니까요. 달리다가 쓰러지면 주인은 우리를 그대로 빙원에 버렸습니다. 흰 곰의 먹이가 되어도 아무 상관하지 않았습니다.

저는 지난날이 후회스러웠습니다. 지금까지 내가 친구를 위해 한 일이 아무것도 없다는 생각이 들었습니다. 그동안 주인의 사랑을 독차지하기 위해, 오직 나 자신만을 위해 살아왔다는 생각이 들었습니다.

그래서 곰곰 생각했습니다. 친구들을 위해 내가 마지막으로 할 수 있는 일은 무엇일까. 어떻게 하면 마지막으로 친구들을 위해 살아볼 수 있을까.

그러자 곧 이런 생각이 들었습니다.

'맞아, 이젠 더 이상 비명 소리를 내지 말자. 주인이 후려치는 채찍이 아무리 고통스러운 것이라 할지라도 더 이상 고통에 찬 신음소리를 내지 말자. 그러면 친구들을 그 폭력의 두려움에서 건져낼 수 있을 거야. 내 비명 소리를 듣고 떠는 친구들을 그 공포로부터 구할 수 있을 거야. 나의 고통은 나 하나로 족한 거야.'

그래서 저는 정말 울지 않았습니다. 주인이 아무리 채찍을 후려쳐도 결코 비명 소리를 내지 않았습니다. 북극의 차가운 빙판 위에 쓰러져 저 혼자 버려질 때까지 말입니다.

바람이 하는 말

해와 달이 싸웠다.

"나뭇잎들은 초록색이야" 하고 해가 말하니까, 달이 "아니야, 은색이야" 하고 대받았다.

달이 "사람들은 일도 하지 않고 주로 잠만 자지" 하고 말하니까, 해가 "아니야, 사람들은 열심히 움직이며 일을 해" 하고 말했다.

"그럼 왜 지구가 이렇게 조용하니?"

달이 지지 않고 다시 해에게 말했다.

"넌 누구한테 무슨 소릴 들었니? 지구는 늘 시끄럽기 짝이 없어."

"아니야, 너야말로 누구한테 그런 소릴 들었니? 지구도 다른 별들처럼 그렇게 조용할 수가 없어."

그들의 싸움은 그치지 않았다. 그러자 그들의 이야기를 듣고 있던 바람이 나타나 말했다.

"너희들이야말로 정말 우습구나. 도대체 무엇 때문에 이렇게 싸우니? 나는 해가 떠 있을 때도 불고, 달이 떠 있을 때도 불어. 낮에 해가 떠 있을 때는 바로 해가 말한 대로야. 지구는 시끄럽고, 사람들은 정신없이 움직이지. 나뭇잎은 초록색이고. 그러나 밤이 되어 달이 떠 있을 때는 모든 게 달라져. 사람들은 잠을 자고, 고요함이 온 누리를 다스리지. 물론 나뭇잎은 달빛을 받아 은빛을 띠게 돼. 간혹 구름이 달을 가리면 검은빛을 띠기도 하지. 그러니까 해 너도, 달 너도 사실은 다 알지 못하는 거야. 세상은 자기 주장만이 옳은 게 아니야. 세상을 자기 입장에서만 이해하면 안 되는 거야."

썩지 않는 고무신

그날 5월 이후, 나는 지금까지 땅속에 파묻혀 있다. 낮이면 맑은 햇살, 시원한 바람 한 줄기 온몸에 맞고 싶고, 밤이면 따스한 별빛 한 번 바라보고 싶어도 컴컴하고 습기 찬 이곳 개울가 기슭에 깊이 파묻혀 있다.

이제 나와 함께 묻힌 것들은 모두 썩어버렸다. 나를 신고 다니던 영욱이의 공책도 일기장도 책가방도 엄마한테 쓴 편지도 이제는 모두 다 썩어 흔적조차 없어졌다.

그러나 나는 아직 썩지 않고 그대로 있다. 그것은 내가 고무신이기 때문이 아니라, 내가 아직 영욱이를 사랑하고 있기 때문이다. 내가 아직도 영욱이가 나를 신고 신나게 논둑길을 달릴 날을 기다리고 있기 때문이다.

1980년 5월의 어느 봄날이었다. 나는 그날도 여느 때와 마찬가지로 영욱이의 발에 신겨져 길을 걷고 있었다. 영욱이는 학교 수업을 일찍 끝내고 친구들과 함께 집으로 돌아가고 있었다. 영욱이는 논둑 옆 개울가를 걷고 있었고, 마을 입구에는 손에 총을 든 군인들이 수백 명씩 몰려와 있었다. 군인들은 얼음처럼 차가운 얼굴을 하고 길에 바리케이드를 치고는 마을로 들어오는 차들을 일일이 조사한 후, 모두 오던 길로 되돌려보내고 있었다.

"재문아, 갑자기 군인들이 왜 저렇게 많이 와서 저러지? 무슨 일 있어?"

영욱이가 같이 가던 친구 재문이한테 물었다.

"무슨 일인지 나도 몰라. 총을 든 걸 보니까 훈련받는가 보지 뭐."

"아냐, 뭔가 좀 이상해. 차를 못 들어오게 하잖아."

영욱이는 그제서야 우리나라에 또다시 군사독재 정권이 들어섰다고 걱정하던 어른들의 이야기가 생각났다.

"재문아, 군사독재 정권이 뭐냐?"

"응, 그건…… 나도 어른들한테 뭐라고 얘길 듣긴 들었는데, 잘 모르겠다. 야, 영욱아. 우리 그런 데 신경 쓰지 말고, 개구리나 잡으면서 놀다가 가자."

재문이가 영욱이의 말을 툭 끊고 개울가로 영욱이의 소매를 끌었다.

"아니야, 그냥 가자. 오늘 엄마가 놀지 말고 빨리 오라고 하셨어."

"그럼 우리 종이배라도 만들어 띄우면서 조금만 놀다 가자."

영욱이는 놀다 가고 싶지 않았다. 그러나 혼자 말없이 가만히 있던 남철이마저 "누구 종이배가 멀리 가나 시합하자"고 하는 바람에 그만 개울가로 내려가 종이배를 만들었다.

영욱이는 미술시간에 쓰다 남은 도화지로 종이배를 만들어 개울에 띄웠다. 재문이와 남철이는 국어 시험지로 종이배를 만들어 개울에 띄웠다.

종이배는 뒤뚱뒤뚱 쓰러질 듯하면서도 잘도 흘러갔다.

"야, 내 종이배가 먼저 간다!"

"아니야, 내 게 먼저야!"

아이들은 서로 먼저 간다고 소리치며 쪼르르 종이배를 따라갔다.

종이배는 앞서거니 뒤서거니 기우뚱기우뚱 물결을 따라 신나게 흘러갔다.

개울에 종이배가 흘러가는 것을 처음 본 나는 신이 났다. 나도 종이배가 되어 멀리멀리 바다에까지 흘러가고 싶었다.

"빵!"

갑자기 총소리가 난 것은 그때였다.

종이배를 따라가던 아이들의 웃음소리가 총소리에 파묻혔다. 아이들은 놀라 건너편 논둑길로 냅다 뛰었다.

영욱이도 얼른 건너편 논둑길로 뛰었다. 그런데 그때 영욱이의 발에서 그만 내가 벗겨져버리고 말았다.

순간, 영욱이가 우뚝 멈춰선 채 나를 돌아보았다. 그러더니 사방에서 총알이 날아오는 그 위험한 순간에 나를 향해 힘껏 달려왔다.

"돌아가! 위험해! 영욱아!"

나는 힘껏 소리쳤다.

"잘못하면 죽어! 돌아가란 말이야!"

나는 있는 힘을 다해 고함을 질렀다.

그러나 영욱이는 나의 고함소리를 듣지 못했는지 계속 나를 향해 달려왔다.

아, 총알 하나가 영욱이의 야윈 가슴을 뚫고 지나간 것은 바로 그때였다. 개울가에 벗겨진 나를 막 주우려는 순간, 영욱이는 "아!" 하는 짧은 비명 소리와 함께 앞으로 폭 거꾸러졌다.

나는 눈앞이 캄캄했다. 온몸이 떨려왔다. 재문이와 남철이는 어디로 갔는지 보이지 않았다. 무서운 총소리는 계속 들려왔다.

개울가에 가장 먼저 달려온 사람은 영욱이 엄마였다.

"영욱아, 영욱아, 이게 무슨 날벼락이냐? 이게 무슨 날벼락이야!"

영욱이 엄마는 나를 집어들고 땅을 치면서 통곡하다가 그만 정신을 잃었다.

"저 나쁜 놈들! 나라를 지키라는 총으로 자기 국민을 쏴? 이 천벌을 받을 놈들! 어린아이한테 무슨 죄가 있다고!"

허겁지겁 마을 사람들도 달려와 분통을 터뜨렸다.

그러나 마을 사람들은 분통만 터뜨리고 있을 수가 없었다. 영욱이와 영욱이 엄마를 급히 들쳐업고 병원으로 달려갔다. 그러자 이번에는 군인들 몇 명이 급히 달려와 영욱이 책가방과 함께 나를 개울 옆 논둑길에 군홧발로 꾹꾹 눌러 묻었다.

"종이배야, 잘 있어!"

종이배만 무슨 일이 일어났는지도 모르고 물결 따라 흔들흔들 흘러갔다.

세월이 흘렀다. 이제 영욱이를 기억하는 사람은 아무도 없다. 그러나 나는 아직 영욱이를 기억하고 있다. 영욱이가 이 땅에 다시 살아날 것이라고 굳게 믿는다. 그래서 영욱이를 만날 날을 기다리며 아직 썩지 않고 있다.

"기다림은 우리를 썩지 않게 만든다"는 어느 젊은 시인의 말을 기억하는 한 나는 결코 썩지 않을 것이다.

바이올린의 눈물

늦가을 밤이었다. 거리엔 겨울을 재촉하는 가을비가 추적추적 내리고 있었다. 아침부터 내린 가을비는 밤이 되어도 좀처럼 그칠 것 같지 않았다. 영등포역 지하 상가에서 바이올린을 켜고 있던 맹인 악사 김씨는 '선구자'를 막 끝내고 시계를 만져보았다. 일반인들의 시계와는 달리 시계바늘이 밖으로 돌출돼 있는 맹인용 시계는 벌써 밤 10시를 가리키고 있었다.

김씨는 이제 집으로 돌아가는 게 좋겠다 싶어 바이올린을 케이스에 집어넣었다. 바구니에 담긴 백 원짜리 동전 몇 개도 호주머니 속에 챙겨 넣고 낡은 비닐가방 속에 넣어둔 휴대용 흰 지팡이를 길게 뽑아들었다. 그러자 그때 지팡이 끝에 한 남자의 발이 걸렸다. 뜻밖에 그 남자가 말을 걸어왔다.

"아저씨, 비가 많이 오는데 어떻게 가시려고 그러세요?"

술 취한 사람의 목소리가 아니었다. 아주 맑은 20대 청년의 목소리였다. 목소리만으로도 상당히 신뢰가 가는 사람이었다.

"괜찮습니다. 늘 이렇게 다니는걸요."

김씨는 그 청년에게 감사하다는 표정을 지으며 지하도 출구를 향하여 발을 옮겼다. 그러자 청년이 얼른 김씨 앞으로 다가왔다.

"저는 이 상가 건너편 카메라점에서 일하는 최철호라고 합니다. 하루에도 몇 번씩 아저씨의 바이올린 소리를 듣지요. 아저씨의 열렬한 팬이라고 할까요. 전 음악을 아주 좋아합니다."

"아, 예에, 그러세요. 고맙습니다."

김씨는 청년이 자기의 팬이라는 말에 다시 한 번 감사하다는 표정을 지었다.

"댁이 어디세요? 버스 타고 다니세요? 제가 버스 타는 곳까지 모셔다 드리죠."

"아니, 괜찮습니다. 집은 봉천동이지만 늘 다니던 길이라 잘 갈 수 있어요."

"그래도 오늘은 비가 많이 와서……. 지금은 빗방울이 제법 굵어졌는걸요."

어느새 청년은 지하도 계단을 오르는 김씨의 팔을 가볍게 잡아주고 있었다.

김씨는 그런 청년의 호의를 굳이 뿌리치지는 않았다. 아무리 세상이 메말랐다고는 하지만, 그래도 자기 같은 사람이 이 정도나마 입에 풀칠이라도 할 수 있는 것은 세상 인심이 그리 나쁘지 않기 때문이라는 생각

을 늘 하고 있었다.

거리엔 청년의 말대로 정말 비가 많이 내리고 있었다. 청년이 우산을 받쳐주었으나 얼굴에 와 닿는 빗방울이 제법 굵고 차가웠다. 김씨는 지팡이를 요령껏 내뻗치면서 걸음을 걸었다. 그러나 몇 번이나 행인들과 어깨를 부딪치기도 하고, 물웅덩이인 줄 모르고 발을 내딛기도 했다.

"그 바이올린 이리 주시죠. 제가 들어드릴게요."

김씨는 청년에게 바이올린을 건네주었다. 가끔 그의 연주 솜씨를 칭찬하는 사람들로부터 이런 친절을 받아왔던 터라 그는 별다른 생각 없이 악기를 넘겨주었다. 그런데 김씨가 버스 정류장에 채 이르지 않았을 때였다.

"아무래도 비가 많이 와서 안 되겠어요. 집에다 전화를 해서 차를 오라고 해야겠어요. 제가 제 차로 댁까지 모셔다드리죠. 가만 있자, 휴대폰이 어디 있나? 아이구, 내 정신 좀 봐. 사무실에 그대로 두고 나왔군요. 공중전화라도 해야겠는데, 공중전화가…… 아, 저기 있군요. 이리 오세요. 저기 공중전화 있는 데로 잠깐 같이 가시죠."

김씨는 청년을 따라 공중전화가 있는 데로 갔다. 청년이 집으로 전화를 걸기 위해 공중전화 부스 속으로 들어가자 김씨도 비를 피하기 위해 그 옆에 있는 부스 속으로 들어갔다.

10여 분이 지났다. 그런데 어딘가 전화를 걸던 청년의 목소리가 더 이상 들리지 않았다.

"최선생! 최선생!"

김씨는 전화부스 칸막이를 손으로 두드리면서 청년을 불러보았다. 그러나 청년의 대답 소리는 들리지 않았다. 김씨는 '아차!' 하는 생각이 들어 얼른 청년이 들어갔던 전화부스 속으로 들어가 보았다. 그러나 청년은 이미 그곳에 없었다.

김씨는 혹시 무슨 급한 일로 청년이 잠시 자리를 비웠을지도 모른다는 생각이 들어 그대로 전화부스 앞에서 한 시간을 기다렸다. 그러나 청년은 나타나지 않았다. 온통 비를 맞는 것도 아랑곳하지 않고 영등포역 앞을 몇 차례 왔다갔다했으나 바이올린을 가지고 가버린 청년은 끝내 나타나지 않았다.

그날, 물에 빠진 생쥐 꼴이 된 채 자정이 넘어 봉천동 달동네 셋방으로 돌아온 김씨는 엉엉 소리를 내어 울었다. 같은 맹인인 그의 아내도 소리 없이 눈물을 흘렸다. 세 살배기 아들만이 세상 모르게 잠들어 있었다.

그는 이대로 죽어버리고 싶다는 생각이 들 정도로, 청년을 믿었던 자신의 어리석음이 한탄스러웠다. 북받쳐오르는 설움에 한번 터진 울음이 그치지 않자 평소 별로 말이 없던 옆방 주인 남자가 자다가 일어나 파출소에 사건 신고를 해주었다. 그러자 아침 일찍 경찰이 찾아와서 김씨의 진술을 받아갔다.

세 살 때 백내장을 앓아 시력을 잃어버린 김씨는 서울맹학교를 졸업한 후 기타를 치는 떠돌이 유랑 악사로 전국 각지를 돌아다녔다. 그러다가 나이 서른 중반이 넘어 서울에 정착한 후, 녹음기를 틀어놓고 곡을 외워가며 혼자 바이올린을 배웠다. 싸구려 하숙집에서 시끄럽다고 야단을 치면 겨울에도 추운 골목에 나가 연습을 하곤 했다.

김씨는 꼬박 2년 동안 바이올린을 연습한 후에야 거리에 나가 손님들을 불러모을 수가 있었다. 몸이 아프지 않는 한 단 하루도 쉬어본 적이 없었다. 운이 좋은 날이면 하루 3만원 이상 벌 때도 있었다. 4년 전에는 먹고 싶은 것도 안 먹어가며 아끼고 아낀 돈으로 체코제 바이올린을 하나 샀다. 주로 사람들이 좋아하는 가곡이나 클래식 소품, 찬송가 등을 연주했으며, 즐겨 연주하는 곡 중에는 〈비목〉, 〈그리운 금강산〉, 〈아베마리아〉 등도 들어 있었다.

바이올린을 잃어버린 후 김씨는 마냥 실의의 나날을 보냈다. 일을 나가고 싶어도 바이올린이 없어 나갈 수가 없었다. 아내는 지하철을 타고 하모니카를 불며 구걸행각이라도 하자고 했으나 그는 아무 대답도 하지 않았다. 다만 그를 찾아온 신문기자를 붙들고 하소연했다.

"저의 바이올린에는 거리의 악사가 흘린 눈물과 한숨이 배어 있습니다. 돈이 필요해서 가져갔다면 돈을 드리겠습니다. 제발 저의 생명인 바이올린만은 좀 돌려달라고 해주십시오."

신문에는 '거리의 맹인악사, 바이올린 잃고 한숨만⋯⋯. 데려다주겠다고 친절 베푼 젊은이, 악기 받아쥐고는 잠적'이라는 제목으로 기사가 났다.

기사가 난 다음날, 한 악기 제조회사 사장이 산동네까지 그를 찾아와 바이올린 한 대를 선물로 주고 갔다. 그는 김씨의 손을 꼭 잡고 "이건 제가 젊은 날에 쓰던 독일제 활입니다. 부디 용기를 잃지 마시고 열심히 사십시오" 하는 격려의 말까지 하고 돌아갔다.

김씨는 다시 새생명을 얻은 것 같았다. 그는 다음날부터 당장 자리를 털고 일어나 다시 영등포역 앞에서 바이올린 연주를 계속해 나갔다.

그뒤 2년이 지난 어느 늦가을 밤이었다. 바이올린을 연주하고 있던 김씨의 발 아래에 조용히 바이올린 한 대를 두고 가는 청년이 있었다. 다른 사람들은 왜 그 청년이 김씨한테 바이올린을 주고 가는지 몰랐으나 김씨만은 알고 있었다.

"바이올린을 돌려드립니다. 저를 용서해 주세요."

김씨는 바이올린을 켜다가 그 젊은 청년의 맑은 목소리를 다시 들었다. 그러나 그는 바구니에 동전 떨어지는 소리를 들었을 때처럼 잠깐 허리를 굽히고 입가에 미소를 띠었을 뿐 여전히 바이올린을 켜고 있었다.

고로쇠나무의 봄

　백운산 정상에 사는 아기 고로쇠나무가 고개를 들어 산 아래를 바라보았다. 들판 멀리 보이는 실낱같은 섬진강 줄기를 따라 아른아른 아지랑이가 일었다.
　"엄마, 봄이 와!"
　아기 고로쇠가 엄마 고로쇠를 향해 무슨 큰 비밀이라도 발견한 듯 크게 소리쳤다.
　"그래, 봄이 오는 소리가 이 엄마 귀에도 들린다. 곧 눈 녹는 소리가 네 마음을 시원하게 해줄 거다."
　아기 고로쇠와 엄마 고로쇠가 이런 대화를 나눈 지 며칠 되지 않아 백운산에 봄이 왔다.
　봄이 오자 엄마 고로쇠가 잎도 나기 전에 먼저 연한 노란색 꽃을 피웠다.
　"엄마, 나는 왜 꽃이 안 피는 거예요?"

아기 고로쇠는 꽃을 피운 엄마의 아름다운 모습에 비해 꽃을 못 피운 자신의 모습은 너무나 초라하게 느껴졌다.

"아가야, 나중에 너도 꽃을 피울 수 있단다. 좀 기다려보도록 하거라."

"언제까지 기다려야 하는데요?"

"네가 청년이 될 때까지다."

"언제 청년이 되는데요?"

"글쎄, 딱히 언제라고는 말할 수 없단다. 꽃이 피기 위해서는 기다림이 필요하다는 것 외엔 엄마도 잘 알 수 없단다."

아기 고로쇠는 엄마의 말이 적이 실망스러워 불만에 찬 목소리로 엄마한테 계속 질문을 퍼부었다.

"그런데 엄마, 엄마는 왜 꽃을 피우는 거예요?"

"세상을 아름답게 하기 위해서지. 세상은 꽃이 없으면 아름다워지지 않지."

"세상이 아름다워지면 뭐가 좋아요?"

"인간이 아름다워지고, 또 내가 열매를 맺게 되지."

"엄마가 열매를 맺게 되면 뭐가 좋은데요?"

"우리 삶에 새로운 의미가 생기게 되지. 열매를 맺지 않으면 우리 삶은 아무런 의미가 없단다."

"그럼 엄마, 나도 열매를 맺고 싶어요."

"그래, 그렇게 하려무나. 엄마도 그걸 원한단다. 그러나 열매를 맺기 위해서는 먼저 꽃을 피워야 하고, 먼저 꽃을 피우기 위해서는 기다려야 한다는 사실을 잊지 마라."

"네, 엄마."

아기 고로쇠는 엄마의 말씀대로 꽃이 피기를 기다렸다. 그러나 아무리 기다려도 꽃이 피지 않았다. 몇 번이나 봄이 오고, 겨울이 오고, 바람이 불고, 눈이 내려도 꽃은 피지 않았다.

아기 고로쇠는 기다리다 못해 엄마한테 다시 물었다.

"엄마, 나는 왜 기다리는데도 꽃이 피지 않아요?"

"그건 네가 인내 없이 기다리기 때문이다. 기다림에는 반드시 인내가 필요하단다."

아기 고로쇠는 엄마의 말씀대로 마음속에 인내심을 지니고 꽃이 피기를 기다리고 또 기다렸다.

그러자 어느 해 봄날, 아기 고로쇠는 자신의 몸에 연한 노란색 꽃송이들이 소복소복 피어나 있는 것을 보고 놀라 소리쳤다.

"엄마, 나도 꽃을 피웠어!"

"그래, 너도 이제 청년이 되었구나! 정말 축하한다."

엄마 고로쇠는 아기 고로쇠가 너무나 사랑스러워 아기 고로쇠의 등을 쓰다듬어주었다.

그후, 아기 고로쇠는 해마다 꽃을 피웠다. 그런데 어느 해 이른 봄날, 아직 꽃도 채 피우지 않고 눈도 채 녹지 않았는데 백운산 정상으로 이런저런 이야기를 나누며 올라오는 사람들이 있었다.

"정상에 있는 놈일수록 맛이 아주 좋아. 약효도 아주 뛰어나지. 위장병이든 신경통이든 관절염이든 아픈 데라면 두루 다 좋아. 오죽하면 골리

수(骨利樹)라고 했겠나. '나무 수'자 말고 '물 수'자를 써서 골리수(骨利水)라고도 하는데, 통일신라 때 도선국사가 마시고 무릎이 펴졌다는 얘기가 있어. 도선국사가 백운산에서 몇 달 동안 가부좌를 하고 나서 일어서려고 하는데, 무릎이 잘 펴지지 않더라는 거야. 그래서 바로 옆에 있던 고로쇠나무를 붙들고 일어서려고 하는데, 그만 나뭇가지가 부러지고, 그 나뭇가지에서 물이 뚝뚝 떨어져 그걸 마셨더니 당장 무릎이 펴졌다는 거야."

쉰은 족히 넘은 듯한 점퍼 차림의 사내가 입을 다물자 옆에 있던 또 한 사내가 입을 열었다.

"뜨끈뜨끈한 방에서 오징어나 북어를 고추장에 푹 찍어서 골리수랑 같이 먹으면 끝내주는 거지. 골리수는 아무리 많이 먹어도 탈이 없어. 먹고 싶은 만큼 먹어도 돼. 어이구, 그런 말을 하니 목이 칼칼한 게 막걸리처럼 한 대접 푹 들이켜고 싶네."

아기 고로쇠는 그런 말을 하는 사람들이 무서워 얼른 고개를 다른 데로 돌렸다. 그러다가 그만 그들과 눈이 딱 마주치고 말았다.

"오호, 요놈 아직 한 번도 물을 안 뺀 아주 어린놈이구나. 넌 아주 특효야, 특효!"

점퍼 입은 사내가 마치 보물이라도 발견했다는 듯 아기 고로쇠를 보고 크게 소리쳤다. 그러고는 가방에서 이런저런 물건을 꺼내더니 아기 고로쇠의 몸에 "위윙" 하고 날카로운 소리를 내면서 드릴을 갖다대었다. 순간, 아기 고로쇠는 그만 기절을 하고 말았다.

아기 고로쇠가 깨어났을 때에는 아기 고로쇠의 몸 여기저기에 사람 손가락 굵기만 한 구멍이 여러 군데 나 있었다.

아기 고로쇠는 너무 무서워 아무 소리도 지르지 못하고 그저 사람들이 하는 짓을 멍하니 쳐다보았다.

사람들은 곧 구멍에다가 비닐 호스를 부착시켰다. 그리고 그 끝에 커다란 플라스틱 약수통을 갖다놓았다.

곧 아기 고로쇠의 몸에서는 물이 줄줄 흘러내렸다. 한 번씩 밭은기침을 할 때마다 몸 안에 있던 수액이 울컥울컥 비닐 안으로 흘러내렸다.

아기 고로쇠는 가슴이 덜컥 내려앉았다. 이러다가 이대로 죽는 게 아닌가 싶어 급히 엄마를 쳐다보았다. 엄마도 맨살에 호스가 꽂힌 채 울컥울컥 수액을 토해내고 있었다.

"엄마, 안 아파요?"

"아프지만 참는다. 아가야, 너도 아프지만 참아라."

"엄마, 도대체 사람들이 왜 이러는 거예요? 엄마, 이건 우리의 피와 눈물이에요."

"아가야, 우리의 피눈물이 사람한테는 약이 된다니까 우리가 좀 참도록 하자."

"아니에요, 그럴 수는 없는 일이에요."

아기 고로쇠는 너무나 화가 났다. 이건 있을 수 없는 일이라고 생각했다. 엄마는 사람들을 아름답게 하기 위하여 꽃을 피운다고 했는데, 정작 사람들은 엄마의 몸에 상처를 내고 수액을 빼내가고 있지 않는가.

"엄마, 난 약이 되게 하지 않을 거야. 사람들한테 독이 되게 할거야."

아기 고로쇠는 입을 앙다물고 말했다.

"그러면 안 된다, 아가야. 우리는 조상 대대로 약이 되게 하면서 살아 왔어. 그게 우리의 삶이야."

"그래도 난 싫어요."

"아가야, 모든 사랑에는 희생이 따르는 거야. 희생 없는 사랑은 없어. 사랑한다는 것은 희생한다는 것이야. 아가야, 울지 말고 내 말을 잘 들어라. 희생 없는 자비가 어디 있느냐. 자기 몸을 내어주는 것만큼 더 큰 자비는 없다. 우리는 그런 자비와 사랑을 보여주려고 이 세상에 태어난 거야. 그게 우리 삶의 새로운 의미야."

"아, 알았어요, 엄마. 싫지만, 엄마 말씀을 따를게요."

아기 고로쇠는 엄마의 말씀을 들으며 점점 정신을 잃어갔다.

먼 데서 뻐꾸기가 울고 백운산에 봄은 계속되었다. 사람들은 '약수제'라는 이름의 축제까지 열면서 고로쇠나무의 수액을 계속 뽑아 마셨다.

그것이 고로쇠나무의 자비와 사랑인지도 모른 채…….

세상에서 가장 아름다운 산

하느님이 천지를 창조한 지 일곱째 되는 날이었다. 하느님은 피곤해서 아침 일찍 일어날 수가 없었다. 지난 엿새 동안 하늘과 땅을 만들고, 낮과 밤을 갈라놓고, 새와 짐승들을 골고루 만들었기 때문에 너무나 피곤했다. 그리고 어제는 하루 종일 자신의 모습대로 아담과 이브를 만들었기 때문에 다른 날보다도 더 피곤했다.

하느님은 벌떡 자리에서 일어나려고 하다가 도로 자리에 누웠다. 오늘 하루만이라도 편히 쉬고 싶어 누운 채로 가만히 천지를 내려다보았다.

"빛이 있어라!" 해서 있게 된 아침 해가 두둥실 바다 위로 떠오르고 있었다. 찬란한 햇살 사이로 짐승들이 이리저리 풀을 뜯고 있었고, 새들이 포롱포롱 하늘을 날고 있었다. 멀리 아담과 이브가 에덴동산에서 손을 잡고 다정스레 강가를 거니는 모습도 보였다.

"참 어여쁜 세상이군!"

하느님은 입가에 만족한 미소를 띠며 한참 동안 세상을 내려다보았다. 그러다가 그만 드렁드렁 코를 골면서 깊은 잠 속으로 빠져들고 말았다.

"하느님, 하느님, 주무세요? 저 좀 보세요. 저, 질문이 하나 있어요. 하느님이 왜 저를 만드셨는지 궁금해요. 아담의 갈비뼈 하나를 떼어내어 저를 만드셨다면서요?"

하느님이 오늘 하루 편히 쉬겠다고 생각한 것은 잘못이었다. 에덴동산에서 이브가 찾아와 하느님을 흔들어 깨웠다.

"그건…… 내가 널 사랑하기 때문이란다."

하느님은 잠을 더 자고 싶었지만 부스스 눈을 뜨고 이브를 향해 미소를 지었다.

"저를 사랑하기 때문이라고요?"

"그래, 바로 사랑 때문이란다."

"사랑이 뭐예요? 전 사랑이 뭔지 모르는데……"

"아직은 그렇겠지. 그럼 지금 네 마음을 한번 찬찬히 들여다보거라. 네가 나를 닮지 않았느냐? 사랑은 이렇게 서로 마음이 닮아 가는 거란다."

아침 해는 어느새 하늘 한가운데로 훌쩍 떠올라 산과 바다를 골고루 비추고 있었다. 하느님이 만드신 세상은 너무나 눈부시고 아름다웠다. 그중에서도 안개에 둘러싸인 채 구름 위로 훌쩍 솟아오른 산들이 가장 아름다웠다.

'하느님한테 나도 저런 아름다운 산을 하나 만들어 달라고 해야지.'

이브는 이제 막 잠이 다시 들기 시작한 하느님을 또 흔들어 깨웠다.

"하느님, 제 부탁 하나 들어주세요."

"허허, 이번에는 또 무엇이냐?"

"하느님이 저를 사랑하신다고 그랬죠?"

"그래, 사랑한단다."

"그러시면요, 세상에서 가장 아름다운 산을 하나 만들어 주세요."

"허허, 그게 갑자기 무슨 소리냐?"

하느님은 이브가 두 번이나 잠을 깨웠는데도 화를 내기는커녕 처음보다 더 다정한 목소리를 내었다.

"에덴동산보다 더 아름다운 산을 하나 만들어 주세요. 저는 그 산에서도 살고 싶어요."

"글쎄다, 내가 지금까지 만든 산들 중에서 하나 고르려무나."

"아니에요. 저를 위해 새로 하나 만들어 주세요. 그래야만 제가 하느님의 사랑이 무엇인지 알 수 있을 것 같아요."

"허허, 참, 욕심도…… 사람은 욕심이 많으면 불행해진단다."

"그래도 그게 제 소원이에요."

"그게 진정 너의 소원이냐?"

"네, 하느님!"

"그럼 좋다. 오늘 당장 만들어주지. 그러나 다음부턴 절대 그런 욕심을 부려서는 안 된다."

하느님은 천천히 자리에서 일어나 지구별 가까이로 다가갔다. 그리고 하루 종일 조금도 쉬지 않고 봉우리가 1만2천 개나 되는, 이 세상에서 가장 아름다운 산을 하나 만들었다.

　나중에 사람들이 지구 위에 수없이 많이 살게 되었을 때, 사람들은 그 산을 '금강산'이라고 불렀다.

오만한 개똥벌레

꽁무니에서 반딧불이라는 빛을 내는 개똥벌레는 은근히 별빛보다 자신이 더 아름답다고 생각했다. 그래서 하루는 밤하늘의 별들을 보고 말했다.

"아마 너희들보다 우리가 더 아름다울 거야. 너희들은 너무 멀리 있어서 그저 가물거리기만 할 뿐이야. 반짝이는 게 아니야. 무엇이든 멀리 있는 것은 아름답지가 않아."

별들은 그런 말을 하는 개똥벌레가 같잖고 우스웠지만 그대로 가만히 듣고 있었다. 그러자 개똥벌레는 갈수록 가관이었다.

"몇몇 어리석은 사람들이 너희들을 보고 반짝인다고 하는 것은 정말 잘못된 일이야. 그래, 너희들도 반짝인다고 치자. 그런데 너희들은 1분에 몇 번이나 반짝이니? 두 번? 세 번? 우리는 1분에 여든 번은 더 반짝여. 그래서 우리가 밤하늘을 날면 '와! 반딧불이다!' 하고 사람들이 반가

위 고함을 지르지. 그런데 너희들을 보고 반가워 고함을 지르는 사람들이 어디 있든?"

개똥벌레는 더욱더 오만해졌다. 이젠 확실히 자신의 반딧불로 별빛을 대적할 수 있다고 생각했다.

"너희들을 빛난다고 생각하는 것은 몇몇 인간들의 어리석음 때문이야. 인간들은 때때로 왜 그렇게 어리석은지 모르겠어."

별들은 개똥벌레의 그런 오만방자함을 더 이상 두고볼 수 없었다. 그래서 별 하나가 조용히 입을 열었다.

"개똥벌레야, 너의 그 오만방자함이 언젠가는 너의 빛을 잃게 하고 말 거야. 네가 그런 오만함을 버리고 겸손해질 때 비로소 그 빛을 다시 찾을 수 있을 거야."

지금 우리가 사는 이 땅에서 반딧불을 볼 수 있는가. 개똥벌레가 여전히 오만방자함을 떠는 바람에 그만 이 땅에 반딧불이 사라지고 말았다. 그러나 언젠가 그가 자신의 잘못을 깨닫고 겸손해질 때, 우리 곁에 사랑스러운 불빛으로 돌아올 것이다.

우물과의 대화

물동이 하나가 우물에 가서 물을 가득 채운 뒤 우물과 이야기를 나누었다. 하루도 빠짐없이 물을 길으러 오는 일이 미안해서 은근히 물동이가 먼저 말을 걸었다.

"나는 지금까지 당신을 가져가기만 했을 뿐, 내가 당신에게 해드린 것은 아무것도 없군요. 내일부터는 매일 오지 않고 하루씩 걸러서 오도록 하겠습니다."

"아, 아닙니다. 굳이 그러실 필요가 없습니다. 내가 필요할 때는 언제든지 주저하지 마시고 찾아오세요. 나는 당신이 내게 오는 것만으로도 큰 기쁨입니다."

"그럴 리가 있겠습니까. 나는 늘 당신 것을 가져가기만 할 뿐인걸요. 다음부터는 나를 반쯤만 채워가도록 하겠습니다."

"아닙니다. 정말 그렇게까지 하실 필요가 없습니다. 매일 나를 찾아주시는 것이 곧 당신이 내게 해주시는 것입니다."

"그렇지만 마음속으로는 내가 물 길으러 자주 오지 않는 것이 좋겠지요?"

"하하, 정말 그렇지 않습니다. 당신은 내게 오는 수많은 물동이 중의 하나에 불과합니다."

"당신은 정말 마음이 좋고 관대하시군요. 당신은 당신을 찾는 다른 모든 물동이들에게도 이렇게 내게 대하듯 하시나요?"

"그렇습니다. 나는 누구에게나 똑같이 대합니다. 차별하지도 않고 거절하지도 않습니다."

"당신이 마를 때도 그렇게 하나요?"

"나는 결코 마르지 않습니다. 항상 차고 넘치고 있어서 내게 오는 모든 물동이들을 늘 찰랑찰랑 채워줍니다."

"하긴 그렇군요. 아직 당신이 마른 걸 본 적이 없군요."

"나는 나를 찾는 물동이들을 참으로 사랑한답니다. 내가 만일 물동이들을 사랑하지 않는다면 아무도 나를 찾아오지 않을 것입니다. 내가 마르지 않는 건 바로 물동이 당신들 때문입니다."

그때 머리에 똬리를 얹은 아주머니 한 분이 머리 위에 물동이를 얹었다. 물동이는 급히 우물에게 눈인사를 하고 우물가를 떠났다.

우물은 멀리 굽은 논두렁길을 가는 물동이를 오랫동안 쳐다보았다. 입가에 잔잔한 미소를 머금은 채, 우물 속에 달빛이 잔잔히 비칠 때까지.

녹지 않는 눈사람

"하늘나라에 사는 모든 눈들은 지금 당장 우리 집 느티나무 아래로 모여라!"

하늘나라에 사는 눈들 중에서 가장 나이가 많은 함박눈이 하늘나라에 사는 모든 눈들을 불러모았다.

"무슨 일일까? 왜 갑자기 함박눈이 우리를 모이라고 할까?"

가장 먼저 첫눈과 풋눈이 느티나무 아래로 달려와 서로 궁금한 표정을 지었다.

"도대체 무슨 일이야? 함박눈 님 댁에 무슨 좋지 않은 일이라도 있어? 첫눈아, 넌 무슨 일인지 몰라?"

싸락눈과 진눈깨비도 헐레벌떡 달려와 몹시 걱정스러운 표정을 지었다.

함박눈은 나라에 무슨 특별한 일이 있지 않고서는 이렇게 다들 모이라고 하는 일이 거의 없었다. 누구 집에 초상이 났다거나 하늘나라의 대표를 뽑는다거나 하는 일 외엔 다들 모여본 일이 없었다.

그러나 그들의 그런 궁금증은 그리 오래가지 않았다. 함박눈이 급한 걸음으로 봄눈과 자국눈과 가랑눈을 거느리고 느티나무 아래로 나타났다.

"자, 다들 모였으면, 이리 내 앞으로 다가오시오."

함박눈은 길게 자란 허연 수염을 쓰다듬으며 잠시 헛기침을 하다가 말을 이었다.

"오늘 내가 모이라고 한 것은 급히 나눌 이야기가 있기 때문이오. 그동안 우리가 바빠서 땅의 나라에 내려가지 못한 탓으로, 지금 땅의 나라에서는 가뭄이 들어 난리가 났소. 몇십년 만에 겪는 가뭄이라고 땅의 나라 사람들이 목말라 야단들이오. 이걸 어찌하면 좋을지 의견이 있으면 다들 말해 보시오."

함박눈이 다시 헛기침을 하며 말을 마치자, 하늘나라에 사는 눈들은 다들 마음이 놓이는 얼굴들이었다. 땅의 나라보다 하늘나라에 무슨 큰일이 일어난 줄 알고 다들 걱정했기 때문이었다.

"그동안 땅의 나라를 잊고 지낸 것은 큰 잘못입니다. 지금 당장이라도 땅의 나라로 내려가는 게 좋겠습니다."

언제나 다른 눈들보다 가장 먼저 땅의 나라로 가는 것을 큰 자랑거리로 삼는 첫눈이 얼른 자리에서 일어나 말했다.

"벌써 1년 넘게 땅의 나라에 가보지 못했다고 다들 불만이 많습니다. 더 늦기 전에 땅의 나라에 한번 다녀오는 게 좋을 듯합니다."

싸락눈도 얼른 자리에서 일어나 온몸을 서걱거리며 말했다.

"그렇습니다. 지금 당장 땅의 나라에 한번 다녀오는 것 외엔 다른 방법이 없는 듯합니다."

하늘나라에 사는 눈들은 모두 땅의 나라에 한번 다녀와야 한다는 데에 의견을 모았다.

함박눈은 눈들이 하는 이야기를 한참 동안 가만히 듣고 있다가, 그 흰 수염을 다시 한 번 쓰윽 쓰다듬고 나서 이렇게 말했다.

"땅의 나라에서 가뭄이 무척 심하다 하니, 하늘나라에 사는 모든 눈들은 지금 당장 땅의 나라로 내려가도록 하시오!"

이 말을 듣고 가장 기뻐한 것은 봄눈 형제였다. 연년생으로 태어난 지 얼마 되지 않은 봄눈 형제는 아직 한 번도 땅의 나라에 가본 적이 없었다. 봄눈 형제는 신나게 노래를 부르며 땅의 나라에 한번 가보는 것이 소원이었다.

"땅의 나라에 다녀오겠습니다, 엄마."

봄눈 형제는 엄마한테 인사를 드리자마자 서둘러 땅의 나라를 향해 길을 떠났다. 그토록 가보고 싶던 땅의 나라로 간다는 생각에 저절로 콧노래가 나왔다.

"형, 땅의 나라는 어떻게 생겼을까? 우리 하늘나라보다 더 넓을까?"

"글쎄, 나도 잘 모르지만, 아마 우리 하늘나라만 할 거야."

봄눈 형제가 도착한 곳은 '한국'이라는 나라였다. 하늘에서 내려다본 한국은 삼면이 바다로 둘러싸여 있었으며, 가운데 허리 부분에 철조망이 남북으로 가로놓여 있었다.

"형, 저게 뭐야?"

"응, 그건 나도 잘 모르지만 철조망이라는 거야."

"그런데 왜 철조망이 저렇게 가로쳐져 있을까?"

봄눈 형제는 그 이유를 알 수 없어 고개를 갸우뚱거렸다.

그런데 그때, 강한 회오리바람이 봄눈 형제 쪽으로 불어왔다. 회오리바람은 다정히 손을 잡고 있던 봄눈 형제를 그만 갈라놓고 말았다.

"어, 어, 형! 혀엉!"

동생은 형의 손을 놓치지 않으려고 안간힘을 썼으나 그만 형의 손을 놓쳐버리고 말았다.

형의 손을 놓쳐버린 동생 봄눈이 바람을 타고 내려앉은 곳은 철조망 위쪽 땅인 북녘 땅이었다.

강한 회오리바람을 이기지 못하고 그만 동생의 손을 놓쳐버린 형이 내린 곳은 철조망 아래쪽 땅인 남녘 땅이었다.

봄눈 형제는 뜻하지 않게 회오리바람을 타고 휴전선이 그어진 남북으로 그만 헤어져 버리고 만 것이다.

한국 땅에 사는 사람들은 눈이 내렸다고 좋아서 야단들이었다. 몇 십 년만의 겨울 가뭄에서 벗어날 수 있게 되었다고 덩실덩실 춤을 추는 사람도 있었다. 남쪽 사람들이나 북쪽 사람들이나 내린 눈을 보고 좋아하는 모습은 서로 마찬가지였다.

동생 봄눈은 휴전선 너머 남녘 땅에 내린 형이 보고 싶어 견딜 수가 없었다. 형 봄눈도 북녘 땅에 내린 동생이 건강하게 잘 지내고 있는지 궁금해서 견딜 수가 없었다. 그러나 봄눈 형제는 철조망이 가로막혀 서로의 소식을 전혀 알 수 없었다.

그러던 어느 날이었다. 동생 봄눈은 형이 보고 싶어 울다가 지쳐 잠이 들었다. 그런데 누가 자꾸 톡톡 몸을 건드리는 것 같아 깨어나 보니 아이들이 자기 몸을 자꾸 굴려 커다란 눈덩어리로 만들고 있었다.

"애들아, 왜 이래? 왜 내 몸을 이렇게 만드는 거야?"

"응, 그건 우리가 널 눈사람으로 만들려는 거야."

"눈사람이 되면 형을 만날 수 있어?"

"그럼, 만날 수 있고말고."

남녘 땅에 있는 형도 밤새워 동생을 생각하다가 잠이 든 뒤 깨어나 보니, 아이들이 자기 몸을 이리저리 굴려 눈사람을 만들고 있었다.

이렇게 봄눈 형제는 남쪽과 북쪽 어린이들에 의해 커다란 눈덩어리로 변해갔다. 그리고 곧 눈사람이 되어 형은 북쪽을, 동생은 남쪽을 바라보고 서 있게 되었다. 북쪽 아이들은 남쪽을 향해, 남쪽 아이들은 북쪽을 향해 눈사람을 세워놓았던 것이다.

하늘나라에서 처음으로 한국이라는 땅의 나라로 내려왔다가 남북으로 헤어진 봄눈 형제는 이렇게 각각 눈사람이 되어 서로 휴전선을 바라보고 서 있었다.

"형, 나야, 보고 싶어."

동생 봄눈이 먼저 형이 있는 남쪽을 향해 크게 소리쳤다.

"응, 나도 보고 싶어. 그동안 어디 아픈 데는 없었니?"

형 봄눈도 동생이 있는 북쪽을 향해 크게 소리쳤다.

"응, 괜찮아, 형은?"

"응, 나도 괜찮아."

눈사람이 된 봄눈 형제는 서로 너무 보고 싶어 견딜 수가 없었다.

그러나 철조망이 가로막혀 만날 수가 없었다. 산과 들에 봄이 오고 진달래가 펴도 서로 보고 싶어서 녹을 수가 없었다. 봄이 와도 녹지 않는 눈사람으로 서 있었다.

다람쥐똥

뜨거운 여름이 지나가고 가을이 되자, 상수리나무 숲 속에 사는 줄무늬다람쥐는 무척 배가 고팠다.

"지금쯤 도토리가 많이 떨어졌을 텐데, 왜 도토리가 안 보이지?"

다람쥐는 도토리를 찾아 이리저리 숲 속을 돌아다녔다. 그러나 도토리는 쉽게 눈에 띄지 않았다.

'엄마, 배가 고파요. 사람들이 우리의 겨울 양식을 가져가요.'

나무 둥치 사이에 누가 걸어놓았는지 그런 글씨가 쓰인 현수막만 눈에 크게 띄었다.

'올해도 사람들이 먼저 도토리를 많이 주워가버렸군.'

다람쥐는 그래도 그런 현수막을 걸어놓을 정도로 다람쥐를 걱정해 주는 사람들이 있다 싶어 고프던 배가 다 불러오는 것 같았다.

그러나 그게 아니었다. 가만히 나무 위로 올라가 이리저리 사방을 살펴보자 현수막이 걸려 있는 바로 그 나무 아래에서 사람들이 커다란 자루에 도토리를 가득 주워 담고 있었다.

"당신들은 저 글씨도 안 보여요? 왜 우리가 먹을 양식을 당신들이 다 가져가는 거예요?"

다람쥐는 화가 나서 소리쳐보았지만 사람들은 들은 척도 하지 않았다.

다람쥐는 하는 수 없이 사람들이 돌아가기를 한참 동안 기다렸다가 사람들이 줍다 만 도토리를 주워먹었다.

'사람들이 더 주워버리기 전에 내가 많이 먹어둬야지.'

여름내 배가 고팠던 다람쥐는 맛있게 도토리를 먹었다.

'으음, 둘이 먹다가 하나가 죽어도 모르겠군! 정말 꿀맛이야!'

다람쥐는 도토리가 너무 맛이 있어 날이 어두워지고 밤하늘에 달이 뜬 것조차 모르고 있었다.

도토리를 배불리 먹은 다람쥐는 고요한 달빛 아래 수북이 똥을 누었다.

"아휴, 이게 뭐야? 내가 똥으로 태어났잖아!"

다람쥐똥은 태어나자마자 자신이 똥으로 태어난 것을 보고 크게 소리를 질렀다.

"아니, 왜 하필이면 아무짝에도 쓸모 없는 똥덩어리로 이 세상에 태어난 거야?"

다람쥐똥은 똥으로 태어난 자신이 무척 싫었다.

"좀더 기다렸다가 내년 봄쯤 아름다운 꽃으로 태어나면 그 얼마나 좋아."

다람쥐똥은 계속 불만이 가득 찬 목소리로 혼자 중얼거렸다.

"아휴, 이게 무슨 냄새야? 이거 똥냄새 아냐? 아이구 더러워!"

그때 건너편 산등성이에서 시원한 바람이 불어오자 낙엽들이 앞다투어 다람쥐똥 곁을 떠나갔다.

"도망가지 마. 나랑 같이 놀아. 나 더럽지 않아."

다람쥐똥은 혼자 있기가 싫어 도망가는 낙엽들을 따라갔다. 그러자 낙엽들은 바람을 데리고 더 멀리 도망가버렸다.

다람쥐똥은 자신을 똥으로 태어나게 한 하느님이 무척 원망스러웠다.

가을은 깊어갔다. 온 산이 단풍으로 붉게 물이 들었다. 아기단풍도 노인단풍도 참단풍도 모두 붉게 물이 들었다.

상수리나무 바로 앞 동네에 사는 단풍나무는 프로펠러처럼 생긴 쬐그마한 단풍나무 씨앗이 속으로 아주 단단하게 익어가고 있었다.

'바람이 불면 숲 밖으로 아주 멀리 날아가야지.'

단풍나무 씨앗은 비행기처럼 아주 멀리멀리 날아가고 싶었다.

드디어 그날이 왔다. 단풍나무 씨앗은 비행기 프로펠러가 돌듯이 빙글빙글 돌면서 사람 손바닥처럼 생긴 엄마 품을 훌쩍 떨어져 나왔다.

'아주 멀리멀리 날아가야지. 이 숲 속은 너무 답답해.'

단풍나무 씨앗은 자신이 마치 비행기라도 된 듯 신나게 날아갔다.

그러나 멀리 날아가지 못했다. 시원하게 불어오던 바람이 그치자 그만 가까운 상수리나무 숲 속에 떨어지고 말았다. 그것도 다람쥐똥 위에 떨어지고 말았다.

"에이, 기분 나빠. 왜 하필이면 똥 위에 떨어진 거야? 정말 재수 없어."

단풍나무 씨앗은 다시 멀리 날아가기 위해 몸을 힘차게 움직였다. 그렇지만 더 이상 날아갈 수가 없었다. 바람도 불어오지 않았지만, 똥덩어리 속에 너무 깊숙이 빠져 날아갈래야 날아갈 수가 없었다.

"하느님이 왜 나에게 이런 고통을 주시지?"

단풍나무 씨앗도 다람쥐똥처럼 하느님을 원망했다.

그러자 다람쥐똥이 맞장구를 쳤다.

"그래, 나도 그래. 하필이면 똥덩어리로 태어나게 할 게 뭐람."

"그러게 말이야. 다른 데 다 두고 왜 하필이면 똥 위에 떨어지는 거야."

그들은 서로 하느님을 원망하는 이야기를 나누었다.

겨울이 왔다. 함박눈이 내렸다. 그들은 서로 한 몸이 되어 눈 속에 파묻힌 채 춥고 긴 겨울을 났다.

봄이 되었다. 다람쥐똥에 파란 싹이 돋았다. 단풍나무 씨앗이 다람쥐똥을 먹고 그만 싹을 틔운 것이다.

"하하, 나도 쓸모가 있었어. 하느님이 널 싹틔우라고 나를 똥으로 태어나게 하셨어."

"하하하, 영양가 많은 널 먹고 싹을 잘 틔우라고 하느님이 나를 똥 위에 내려주셨어."

다람쥐똥과 단풍나무 씨앗은 아지랑이 아른대는 봄 들판이 떠나가도록 한바탕 웃음을 터뜨렸다.

생명의 힘

　추운 겨울날 오후, 그녀는 창문을 열고 집안 청소를 하고 있다가 한 남자의 전화를 받았다. 그 남자는 10여 년 전에 헤어진, 한때 열렬히 사랑했던 남자였다. 그는 어머니가 돌아가셔서 잠시 귀국했다고 하면서 만나 차라도 한 잔 하기를 바랐다.

　그녀는 가늘게 떨리는 손으로 수화기를 놓았다. 가슴이 두근거렸다. 그녀는 입을 옷이 마땅치 않아 거울 앞에서 몇 번이나 옷을 갈아입다가 바지 차림으로 서둘러 집을 나섰다.

　거리엔 진눈깨비가 몰아치고 있었다.

　그녀는 너무 서두른 나머지 방 안 창문을 그대로 열어놓고 집을 나왔다는 사실을 깜빡 잊고 있었다.

　남자는 서른 후반의 약간 쓸쓸한, 중후하나 예전보다 조금 늙은 모습이었다. 어머니를 잃었다는 사실이 그를 더욱 쓸쓸하고 초췌하게 느껴지

게 했다.

진눈깨비가 함박눈으로 변했기 때문일까. 차 한 잔만으로는 두 사람의 만남의 시간은 너무 짧았다. 그녀는 그를 위로할 겸 예전에 곧잘 같이 갔던 신촌 카페에 들러 술을 한잔 하고 밤늦게 집으로 돌아왔다.

집 안엔 얼음장같은 차가운 공기가 떠돌았다. 게다가 창문 가까이 놓여 있던 어항의 물이 꽁꽁 얼어 있었고, 금붕어도 움직이는 기색이 전혀 없었다.

"어머나! 어쩌나!"

그녀는 너무나 놀라 얼른 집 안 공기를 따뜻하게 하고 난로 가까이에다 어항을 두고 목욕물을 틀었다.

그녀가 목욕을 다하고 나왔을 때 어항의 물은 녹아 있었다. 그리고 놀랍게도 금붕어가 다시 유유히 헤엄을 치고 있었다.

배추흰나비의 기쁨

산기슭 배추밭에 배추애벌레 한 마리가 살고 있었다. 온몸에 잔털이 빽빽하게 나 있는 배추애벌레는 매일같이 배춧잎을 갉아먹는 게 일이었다. 먹을 게 너무나 많고 초봄의 햇살도 눈부셔서 배추애벌레는 세상에 부러울 것이 하나도 없었다. 밤마다 배춧잎 위로 기어올라 밤하늘을 바라보면 별빛마저 눈이 부셔 행복했다.

그런 배추애벌레에게도 어느 날 고민이 하나 생겼다. 그것은 아침저녁으로 하루도 빠지지 않고 배추밭을 찾아오는 은주 할머니가 화를 벌컥벌컥 내기 시작했기 때문이다.

"아이고, 요놈의 벌레들 때문에 배추농사 망치겠네. 껍데기만 남기고 다 갉아 먹어치우니, 아이고, 이 일을 어떡하나?"

배추애벌레는 은주 할머니가 왜 그렇게 화를 내는지 알 수 없었다. '오늘 또 아들 내외가 한바탕 부부싸움을 했나 봐' 하고 대수롭지 않게 생각했으나 그게 아니었다. 은주 할머니는 며칠째 배추밭에 올 때마다 그런 말을 막 해댔다.

"아이고, 요 죽일 놈들! 오늘은 꼭 애비한테 약을 치라고 해서, 이놈들을 다 죽여버려야지. 이대로 가만히 있다간 정말 배추 한 포기 못 건지겠네!"

배추애벌레는 은주 할머니의 말에 가슴이 덜컥 내려앉았다. 은주 할머니가 약을 쳐서 모두 다 죽여버리겠다고 말하는 것으로 보아 이건 정말 보통 문제가 아니었다.

그날 밤, 배추애벌레는 잠이 오지 않았다. 이리 뒤척 저리 뒤척 밤새도록 뒤척이다가 다른 배추포기에 사는 친구한테 살짝 말을 걸었다.

"친구야, 난 요즘 은주 할머니를 이해할 수가 없어. 도대체 왜 그러시는 거야? 우리가 무슨 잘못한 일이라도 있니?"

"응, 잘못한 일이 있어. 우리가 배춧잎을 갉아먹은 게 은주 할머니는 영 못마땅하신 거야."

친구는 졸음에 겨워 눈을 반쯤 뜨고 말했다.

"우리가 배추애벌렌데, 배춧잎을 먹지 않으면 무얼 먹고 살아?"

"글쎄 말이야, 사람들은 우리를 배춧잎에 기생하는 해충이라고 해."

"해충이라니? 그게 무슨 뜻이야?"

"사람들한테 해로움을 주는 벌레라는 뜻인데, 사람들이 자기들 입장에서 멋대로 지어낸 말이야."

"아니야, 난 해충이 아니야. 그냥 배추애벌레야."

배추애벌레는 눈물이 막 나왔다. 사람들이 자기를 그렇게 여기리라고는 미처 생각해 보지 못한 일이었다.

"울지 마, 지금은 울어도 아무 소용이 없어."

친구가 토닥토닥 등을 두드려 주었으나 배추애벌레는 자꾸 눈물이 나왔다.

"우리가 배추흰나비가 될 때까지 꾹 참고 기다려야 돼. 그때가 되면 사람들이 우리를 또 익충이라고 해."

"익충? 익충은 또 뭐야?"

"그 말도 사람들이 마음대로 지어낸 말이야. 사람들한테 이로움을 주는 벌레라는 뜻이야. 우리가 아름다운 나비가 되어 농작물들의 꽃가루를 이곳에서 저곳으로 옮겨주는 일을 한다고 그러는 거야."

"우리가 나비가 된다구?"

배추애벌레는 나비가 된다는 말에 또 한 번 가슴이 덜컥 내려앉았다.

"그럼! 우린 지금 나비가 되기 위하여 이렇게 애벌레로 있는 거야. 우리가 나비가 되어 무, 파, 배추들의 꽃가루를 옮겨주지 않으면 아무도 씨앗을 맺지 못해. 우리가 갉아먹고 있는 이 배추의 씨만 해도 우리가 만든 거야. 배추꽃이 폈을 때 우리가 암술과 수술 머리 위로 막 날아다녀서 만들어진 거야. 그런데 중요한 건 처음부터 익충과 해충의 구별이 있었던 게 아니라는 점이야. 그건 어디까지나 사람들이 자신들의 입장에서 그렇게 여기는 것뿐이라는 거야."

"순 사람들 마음대로군. 사람들은 참 나빠."

배추애벌레는 슬펐다. 그런 말까지 들어가면서 사람들과 함께 살고 싶지는 않았다. 해충이 되어 사람들한테 심한 욕을 얻어먹느니 차라리 깊은 잠 속에 빠져 영영 깨어나고 싶지 않았다.

　그뒤 얼마나 많은 시간이 지났는지 모른다. 배추애벌레는 정말 깊은 잠 속으로 빠져들었다. 죽음이 조금도 두렵지 않다는 생각을 하는 가운데 배춧잎에 붙어 차차 회색빛 번데기로 변해갔다.
　배추애벌레는 죽음이 자기에게 찾아온 것이라고 생각했다. 실을 친친 감아서 그런지 온몸에 땀과 열이 나고 마디마디가 쑤셔댔다.
　배추애벌레는 고요히 죽음을 맞이할 준비를 했다. 애벌레들은 이렇게 번데기가 되어 죽어가는 거라고 생각하면서 눈을 감았다.
　그런데 이게 웬일일까. 죽은 줄만 알았던 자기가 죽기는커녕 배추밭 위로 훨훨 날아다니는 게 아닌가. 배추애벌레는 놀란 눈으로 자신의 몸을 이리저리 살펴보았다.
　아, 날개가 있었다. 온몸이 눈부시도록 희디흰 빛이었다. 앞날개에 은은한 검은 반점이 두 개나 있었다.
　"할머니! 저기 나비다, 나비!"
　이제 막 초등학교에 입학한 은주가 할머니의 치맛자락을 잡고 외치는 소리가 들렸다.
　"할머니! 저 나비 이름이 뭐예요?"
　"배추흰나비!"
　"아, 참 이쁘다!"
　"그래, 참 이쁘지? 우리 은주도 저렇게 이뻐야 된다. 알았지?"
　"네."

배추애벌레는 기뻤다. 가슴속에 기쁨이 가득 차 올랐다. 바람이 조금만 불어도 저절로 춤을 추게 되었다. 나비가 된 배추애벌레는 배추밭 위에서 봄하늘 속으로 한없이 춤을 추며 날아갔다.

문어의 사랑

깊은 바닷속 그늘진 곳에 참문어와 풀문어가 살고 있었다. 그들은 사람들이 만들어놓은 단지 속에 들어가 서로 꼭 끌어안고 사랑하는 일에 너무 정신이 팔려 어부가 자기들을 잡아가는 줄도 알지 못했다.

그들이 엉킨 다리를 풀고 사방을 살펴보았을 때는 이미 햇살이 눈부신 부둣가로 끌려나와 있을 때였다.

"여기가 어디지?"

어리둥절한 얼굴을 하고 참문어가 풀문어에게 물었다.

"육지야, 육지! 언젠가 내가 한 번 와본 적이 있어."

"우리가 왜 육지로 나오게 되었지?"

"우리도 모르는 사이에 그만 어부한테 잡힌 거야."

"어머! 난 그것도 모르고…… 이제 어떡하면 좋지?"

"괜찮아, 걱정하지 마. 무슨 좋은 수가 있을 거야."

참문어는 풀문어가 걱정할까 봐 아무 일도 아니라는 듯 풀문어의 등을 톡톡 두드려주었다.

어부는 그들을 집으로 데리고가 커다란 항아리 속에 집어넣었다. 어부는 그들이 배고파 죽기를 기다렸다가 바람 잘 불고 햇볕 잘 드는 곳에 말린 뒤, 겨울밤 술안주로 삼거나 제삿날 제상에 올려놓을 작정이었다.

항아리 속에 갇힌 참문어와 풀문어는 무서웠다. 순간순간 몰려오는 죽음의 공포에 서로 몸을 꼭 껴안고 벌벌 떨었다.

"풀문어야, 졸지 마, 졸면 죽어!"

"응, 참문어야, 너도 졸지 마, 정신 차려!"

그들은 기진하여 쓰러지지 않도록 서로 용기를 불어넣어주려고 애를 썼다.

시간은 쏜살같이 흘렀다. 몇 날 며칠이 지났는지 알 수 없었다. 그들은 배가 고파 견딜 수가 없었다.

"풀문어야, 이거 먹어. 이거 먹고 기운 차려. 죽으면 안 돼."

참문어가 풀문어에게 자기의 다리 하나를 뚝 잘라 주었다.

"아니야, 나 안 먹어. 배 안 고파."

풀문어는 배가 고팠지만 차마 참문어의 다리를 먹을 수가 없었다. 그 대신 자기의 다리 하나를 뚝 잘라 참문어에게 주었다.

"그러지 말고, 이거 먹어. 너도 배고프잖아."

참문어도 배가 고팠지만 풀문어의 다리를 먹을 수가 없었다.

"괜찮아, 먹어. 난 네게 무엇이든지 다 해줄 수가 있어. 난 널 사랑해!"

참문어는 풀문어가 아무리 자기 다리를 먹으라고 해도 먹지 않았다. 이렇게 그들은 서로 다리를 먹지 않았다. 그런데도 그들은 서로 자기 다리를 먹으라고 하면서 둘 다 여덟 개나 되는 다리를 모두 잘라버리고 말았다.

그뒤, 입맛을 쩍쩍 다시며 어부가 항아리 뚜껑을 열어보았다. 문어는 어부가 생각한 대로 둘 다 죽어 있었다. 그런데 어부가 생각하기엔 참으로 이해할 수 없는 일이 일어나 있었다.

"거 참 이상하네. 다른 문어들은 항아리 속에 갇히면 자기가 자기 다리를 뜯어먹으면서 살다가 서서히 죽어가는데, 이 문어들은 그렇지가 않네. 분명히 자기 다리를 자르긴 잘랐는데도 먹지 않고 그대로 굶어죽어 있네."

어부는 혼자 중얼거리면서 자꾸 고개를 갸우뚱거렸다.

참문어와 풀문어가 서로 사랑한 나머지 상대방에게 서로 자기 다리를 먹이려고 하다가 그만 그대로 굶어죽은 줄을 어부는 알지 못했다.

모래와 바위

모래와 바위가 우연찮게 서로 다투게 되었다. 그것은 모래가 자기도 바위라고 하자 바위가 핀잔을 준 데서 비롯되었다.

"정말 가소로운 일이야. 좁쌀 같은 게 감히 바위라고 하다니!"

모래는 화가 났지만 참았다. 더 이상 싸우기 싫어서 울분을 누르고 입을 다물었다.

세월이 흘렀다. 바위가 모래가 될 만큼 많은 시간이 지났다. 자연히 바위는 모래가 되었다.

바위는 모래가 된 자신을 망연히 바라보았다. 문득 예전에 모래와 다투던 생각이 났다. 모래를 비웃고 질책하던 자신이 부끄러웠다. 그때 그는 모래 속에 바위가 들어 있다는 사실을 알 수 없었다.

모래는 작지 않다.

모래는 바위다.

고통과 인내의 크기는 바위보다 크다.

장미의 향기

한 젊은 시인이 있었다. 그는 한 여인을 깊게 사랑하고 있었다. 그는 오로지 그 여인을 사랑하기 위하여 자신이 이 세상에 존재하고 있다고 생각했다. 지금까지의 자신의 모든 삶은 오직 그녀를 사랑하기 위한 하나의 준비과정에 불과한 것이었다고 생각했다.

그는 하루하루 세상의 모든 것이 다 새로웠다. 풀잎을 스치는 바람도, 어린 나뭇가지에 어리는 햇살도, 푸른 하늘을 나는 작은 새도, 그녀를 사랑하기 이전과는 전혀 다른, 또 다른 아름다움과 경이의 세계였다.

그는 비로소 한 사람이 한 사람을 사랑한다는 것의 의미가 진정 무엇이라는 것을 알게 되었다. 그녀와 함께하지 않는 혼자만의 삶이란 정말 무의미한 삶이라고 생각되었다.

어느 날, 청혼을 하기 위해 붉은 장미꽃 몇 송이를 들고 그 여인의 집을 찾았다. 그러나 불행히도 그의 청혼은 받아들여지지 않았다. 여인은 차가운 얼굴을 하고 말했다.

"미안해요. 나는 당신을 사랑하지 않아요. 이해해 주세요."

눈앞이 캄캄했다. 갑자기 천지가 뒤바뀌는 것 같았다. 그는 그녀가 끓여준 커피도 채 들지 못하고 집을 나왔다.

그런데 그가 그녀의 집 대문을 막 나섰을 때였다. 여자가 창문 밖으로 장미꽃을 휙 던지면서 말했다.

"미안해요. 청혼의 의미로 주는 장미꽃은 받을 수가 없어요."

그는 엉겹결에 발 앞에 떨어진 장미꽃을 주웠다. 가슴이 뻥 뚫리는 듯한 느낌이 들면서 갑자기 눈물이 핑 돌았다. 세상의 모든 것이 무너지는 것 같았다.

그후, 그는 장미꽃을 몹시 싫어하게 되었다. 실연의 원인이 마치 장미에게 있었던 것처럼 꽃 중에서도 장미꽃만은 극도로 싫어하는 병적인 모습을 나타내었다.

그는 장미를 볼 때마다 그 여자한테서 받은 마음의 상처가 되살아나서 싫었다. 그 여자를 잊으려고 노력하였으나 결코 잊을 수가 없어서 괴로웠다. 마음의 지옥이 따로 없었다.

그는 장미가 있는 곳이면 어디든 피해 다녔다. 그러나 장미는 어디에든 있었다. 꽃집이나 이웃집 담벼락뿐 아니라 무심코 들른 카페의 탁자 위에도 장미꽃은 피어 있었다.

그는 이제 어떻게 하면 장미가 피어나지 않도록 할 수 있을까 하는 생각에만 골몰했다. 그의 소원은 이 세상의 모든 장미를 없애는 일이었다.

그러나 아무리 연구해도 장미를 없앨 수 있는 방법은 없었다.

그러다가 문득 장미의 이름을 바꾸는 게 좋겠다는 생각이 들어 하루는 한 언어학자를 찾아갔다.

"선생님, 어떻게 하면 장미라는 이름을 바꿀 수 있을까요?"

늙은 언어학자가 말했다.

"그건 아주 간단합니다. 언중이 장미를 장미라고 부르지 않으면 됩니다."

"그럼 언중들로 하여금 그렇게 할 수 있도록 하는 방법은 무엇일까요?"

"글쎄요, 그건 언중들의 마음입니다. 학자인 우리들로서는 어떻게 할 수 없는 일입니다."

그는 언어학자의 집을 나오면서 자신의 일생을 장미의 이름을 바꾸는 일에 바치기로 결심했다.

그는 누구를 만나든 우리가 장미라고 부르는 이름은 그 어떤 다른 이름으로 불려져야 한다고 주장해 나갔다. 그러면서 열심히 장미의 부정적 이미지를 드러내는 시를 써서 발표했다. 언중들이 모이는 곳이면 어디든 찾아가서 자신이 쓴 시를 들려주었다.

어느덧 많은 시간이 강물처럼 흘러갔다. 젊은 시인이 늙은 시인이 되었고, 마침내 사람들은 장미를 장미라고 부르지 않게 되었다. 사람들은 장미의 이름을 잊어버리고 다른 이름으로 부르기 시작했다. 그러나 장미의 이름이 바뀌어도 단 한 가지 변하지 않은 게 있었다.

그것은 장미의 향기였다.

검은툭눈금붕어

서울 단비네 집 어항 속에 금붕어 세 마리가 살고 있었다. 몸에 붉은 꽃잎 무늬가 있는 두 마리는 서로 형제간으로 이름이 '붉은꽃잎금붕어'였으며, 또 한 마리는 검은 눈이 툭 튀어나왔다고 해서 이름이 '검은툭눈금붕어'였다.

붉은꽃잎 형제는 둘 다 마음이 참 고왔다. 맛있는 음식이 있어도 싸우지 않고 서로 사이좋게 나누어먹었다.

그러나 검은툭눈은 마음이 사납고 욕심이 많아서 툭하면 붉은꽃잎 형제를 못살게 굴었다.

"형, 검은툭눈이 우릴 왜 이렇게 미워하지?"

"글쎄, 우릴 미워하지 않았으면 좋겠는데……. 그래도 우리는 검은툭눈을 미워하지 말자."

"그래, 형, 미워하지 말자."

붉은꽃잎 형제의 소원은 금붕어끼리 서로 사이좋게 지내는 것이었다.

그러나 검은툭눈의 소원은 그게 아니었다.

"어항이 너무 좁아. 나 혼자 살기에도 비좁은데, 붉은꽃잎 녀석들이랑 같이 살자니 정말 미치겠군. 먹는 것도 저 녀석들이랑 매일 같이 나누어 먹으니까 배가 고파 못살겠어. 무슨 좋은 수가 없을까?"

검은툭눈의 소원은 어떻게 하면 혼자 넓게 살고 배불리 먹을 수 있을까 하는 것이었다.

그런 어느 날이었다. 동생 붉은꽃잎금붕어가 갑자기 배가 아프다고 하면서 시름시름 앓기 시작했다.

"형, 나 배 아파. 뭘 잘못 먹었나 봐."

"어떡하나? 많이 아파? 내가 쓰다듬어 줄게."

형은 걱정이 되어 조심스럽게 동생의 배를 쓰다듬어 주었다.

그러나 동생은 어항 바닥에 앉아 있기만 할 뿐 일어나 헤엄을 치지 못했다. 겨우 일어나 헤엄을 치다가도 한번 물풀에 걸리면 빠져나오지 못했다.

동생의 병은 점점 깊어졌다. 형이 잠시도 쉬지 않고 동생의 배를 쓰다듬어 주었지만, 동생은 그만 세상을 떠나버리고 말았다. 배를 뒤집고 물 위에 가만히 떠 있다가 천천히 어항 바닥으로 가라앉아 버리고 말았다.

"날 혼자 남겨두고 먼저 가버리다니! 엉엉!"

형은 슬피 울었다. 얼마나 아팠으면 그렇게 죽고 말았을까 하는 생각에 흐르는 눈물을 감출 수 없었다.

검은툭눈은 친구가 죽었는데도 조금도 슬퍼하지 않았다.

"이제 내 소원대로 되려나 보다. 흐흐, 신난다!"

오히려 소리치며 좋아서 어쩔 줄 몰라했다.

"어머, 금붕어 한 마리가 죽었네! 불쌍해서 어쩌나……."

단비엄마가 어항에 손을 넣어 죽은 금붕어를 꺼낼 때에도 좋아서 "으흐흐" 웃음을 터뜨렸다.

"이제 한 마리 남은 저 녀석도 빨리 죽어야 할 텐데……. 그래야 내 혼자 밥도 많이 먹고, 물과 공기도 마음껏 들이켤 수 있을 텐데……."

검은툭눈은 혼자 모든 걸 차지하고 싶은 마음에 한 마리 남아 있는 붉은꽃잎마저 하루빨리 죽기를 기다렸다.

그러나 붉은꽃잎은 검은툭눈이 아무리 기다려도 죽지 않았다. 동생 몫까지 살아야 한다고 생각한 붉은꽃잎은 오히려 더 씩씩하게 열심히 살아가고 있었다.

검은툭눈은 속이 상했다.

"무슨 좋은 수가 없을까?"

검은툭눈은 잠도 자지 않고 밤낮으로 생각에 생각을 거듭했다.

그러다가 하루는 무릎을 탁 치며 붉은꽃잎을 없애버릴 생각을 하게 되었다.

"맞아! 내가 죽이는 수밖에 없어. 그렇게 해서 나라도 잘 살아야 하는 거야."

검은툭눈은 검은 눈을 반짝거리며 붉은꽃잎을 죽일 기회만 노렸다.

마침내 그 기회는 왔다.

단비네 식구들이 막내이모 결혼식에 참석하기 위해 집을 비우고 모두 부산으로 내려가자, 검은툭눈은 붉은꽃잎한테 자꾸 싸움을 걸었다.

"야, 붉은꽃잎! 네 동생은 죽었는데, 넌 왜 아직 안 죽고 살아 있니?"

붉은꽃잎은 놀라 눈이 휘둥그레졌다.

"검은툭눈아, 갑자기 그게 무슨 말이야? 내가 뭘 잘못했니?"

"그럼, 잘못해도 아주 크게 잘못했지. 난 말이야, 네가 보기 싫어 죽겠어. 네가 어디로 꺼져버렸으면 좋겠어."

"여긴 어항 속이야. 내가 어디로 갈 수 있다고 그러니?"

"그러니까 아예 네 동생처럼 죽어버리란 말이야!"

검은툭눈은 붉은꽃잎한테 무섭게 눈을 부라렸다.

"검은툭눈아, 그러지 마. 어항 속에 너랑 나랑 둘뿐인데, 우리 사이좋게 지내자."

"아냐, 난 너랑 살고 싶지 않아. 난 혼자 살고 싶어. 내가 먹을 걸 네가 다 먹어버리기 때문에 난 늘 배가 고파 죽겠단 말이야."

검은툭눈은 잠시도 쉬지 않고 붉은꽃잎을 괴롭혔다. 붉은꽃잎이 아무리 서로 도우며 사이좋게 지내자고 말해도 아무 소용이 없었다.

결국 힘이 약한 붉은꽃잎은 검은툭눈한테 계속 시달리다가 그만 목숨을 잃고 말았다.

"야, 신난다!"

붉은꽃잎이 배를 뒤집고 어항 밑바닥에 조약돌처럼 가라앉자 검은툭눈은 하루 종일 신나게 콧노래를 불렀다. 먹이도 혼자 배불리 먹고, 물도 혼자 배불리 마실 수 있게 되어 세상에 부러울 게 없었다.

아니, 그런데 이게 웬일일까? 붉은꽃잎이 죽은 지 사흘쯤 지나자 어항의 물이 흐려지고 썩은 냄새가 나기 시작했다.

"어? 물이 왜 이렇게 더러워지는 거지? 도대체 숨을 쉴 수가 없잖아."

검은툭눈은 왜 갑자기 물이 썩어가는지 알 수가 없었다. 그건 죽은 붉은꽃잎의 몸이 점점 썩어가고 있기 때문이었는데, 검은툭눈은 그 사실을 알 수가 없었다.

"아이구, 힘들어, 가슴이 답답해 미치겠군."

검은툭눈은 얼굴을 물 밖으로 내밀고 맑은 공기를 들이마시려고 애를 썼다. 그러나 갈수록 할딱할딱 숨쉬기가 힘들어졌다.

단비네 식구들이 부산에서 돌아오자 어항의 금붕어 두 마리가 모두 죽어 있었다.

"이게 무슨 일이람? 왜 금붕어가 다 죽어 있지?"

단비엄마가 깜짝 놀라 단비를 소리쳐 불렀다.

"단비야, 엄마가 어항에 물 갈아주라고 했는데, 왜 안 갈아준 거야? 왜 엄마 말을 안 들어?"

"아니에요, 엄마. 내가 물도 갈아주고 먹이도 알맞게 줬어요."

집을 비우기 전에 단비는 엄마 말씀대로 물도 갈아주고 먹이도 알맞게 주었다. 그런데도 금붕어 두 마리가 다 죽어 있으니 단비도 단비엄마도 왜 그런지 그 까닭을 알 수 없었다.

봄을 기다린 두 토끼

　겨울산 속에 두 마리 토끼가 살고 있었다. 한 마리는 양지 쪽 산비탈에 살고 있었고, 또 한 마리는 음지 쪽 산비탈에 살고 있었다.
　그들은 자나깨나 봄이 오기만을 기다렸다. 그들의 소원은 하루속히 겨울을 보내고 봄을 맞는 일이었다. 허옇게 산을 뒤덮은 흰눈이 녹고 계곡의 얼음장 밑으로 흐르는 물소리를 들으며, 산과 들에 막 새로 돋기 시작한 풀이파리들을 마음껏 뜯어먹는 일이었다.
　그러나 겨울은 좀처럼 지나가지 않았다. 조금 따뜻한 기운이 돈다 싶어 굴 밖으로 머리를 조금 내밀면 이내 차가운 바람이 휘몰아쳤다. 지난해 첫눈이 내리기 시작했을 때부터 굴속에 갇혀 내내 겨울잠만 자고 있기란 정말 여간 답답한 일이 아니었다.
　"아아, 언제 봄이 오려나?"
　"춥고 배고파서 못살겠네."

"참고 기다리면 언젠가 봄은 오겠지."

그들은 하루하루가 1년 같았다. 겨우내 먹을 양식마저 곧 떨어질 것 같아 아끼고 또 아껴먹었다. 땔거리마저 모자라 한밤중에 기온이 뚝 떨어져도 불을 지피지 않고 참고 견뎠다.

그러나 봄은 오지 않았다. 하루속히 꽃들과 새들과 이런저런 이야기를 나누며 외로움을 달래보고 싶었지만 봄은 돌아올 기색조차 보이지 않았다.

그렇다고 함부로 굴 밖으로 나가볼 수는 없는 일이었다. 자칫 잘못 굴 밖으로 나갔다가는 토끼몰이 나온 마을 사람들이 산 위에서부터 몽둥이를 들고 몰아쳐 내려오면 꼼짝달싹도 하지 못하고 잡혀버릴 게 뻔한 일이었다.

'하는 수 없구나. 참고 기다리고 있으면 언젠가는 봄이 오겠지.' 그들은 모든 것을 단념하고 다시 깊은 겨울잠 속으로 빠져들었다.

그뒤 얼마나 시간이 지났을까. 양지 쪽 산비탈에 살던 토끼는 이따금 깨어나 건너편 음지 쪽 산비탈을 바라보았다. 봄이 와서 눈이 녹았나 해서였다. 그러나 그곳엔 눈이 허옇게 쌓여 있었다.

"아직 봄이 오지 않은 게로군. 깨어날 때가 아직 멀었어."

그는 다시 겨울잠 속으로 빠져들었다.

그러다가 얼마 안 가서 다시 눈을 뜨고 건너편 음지 쪽 산비탈을 바라보았다. 눈은 여전히 녹지 않고 그대로 있었다.

"어머나! 아직도 눈이 녹지 않았네. 눈이 다 녹으면 나가야지."

그는 아직 겨울잠에서 깨어날 때가 아니라고 판단하고 다시 잠을 청했다.

그는 이러기를 몇 차례나 거듭했는지 모른다. 눈을 떠서 건너편 음지 쪽 산비탈을 바라보면 언제나 눈은 녹지 않고 그대로 있었다. 그러다가 결국 그 토끼는 양지 쪽 굴속에서 나오지 못하고 굶어죽고 말았다.

음지 쪽 산비탈에 살던 토끼도 문득 겨울잠에서 깨어나 건너편 양지 쪽 산비탈을 바라보았다. 볕바른 그곳엔 어느새 눈이 다 녹아버리고 없었다.

'아, 내가 잠든 사이에 벌써 봄이 왔구나! 기다리고 기다리던 봄이 왔구나!'

그는 얼른 굴 밖으로 뛰어나와 눈 녹은 양지 쪽을 향해 힘껏 달려갔다. 그러나 바람은 살을 에는 듯 차가웠다. 그는 결국 굴속으로 돌아가지 못하고 찬바람 몰아치는 산 속에서 그만 얼어죽고 말았다.

양지 쪽과 음지 쪽에 사는 두 토끼가 봄을 기다리다가 그만 둘 다 얼어죽고 만 것이다.

위대한 개구리

깊은 우물 속에 개구리 한 마리가 살고 있었다. 그 개구리는 구름과 햇빛과 별들이 비치는 것을 보고 늘 우물 밖을 그리워하며 살고 있었다.

"난 언젠가는 우물 밖으로 나가볼 거야. 그 꿈을 꼭 이룰 거야."

이렇게 우물 밖 세상으로 나가보는 것이 소원인 개구리는 날마다 우물에 비치는 구름과 별들을 보면서 하루하루를 보냈다. 친구들이 헤엄을 친답시고 거울처럼 잔잔한 수면을 흔들어놓으면 물결이 잠잠해질 때까지 기다렸다가 수면에 비치는 하늘을 들여다보고 또 들여다보았다.

그런 어느 날이었다. 우물 안으로 한 줄기 시원한 바람이 불어왔다. 개구리는 바람에게 물었다.

"바람아, 바람아, 넌 우물 밖의 세상이 어떤지 알고 있니?"

"그럼, 알고말고."

바람이 개구리의 얼굴을 간질이며 말했다.

"난 이 세상 어디든 안 가본 곳이 없단다."

"그럼 좀 가르쳐줘. 우물 밖이 어떤 곳인지 난 정말 궁금해 죽겠어."

개구리는 잠시도 기다릴 수 없다는 듯이 말끄러미 바람의 얼굴을 쳐다보았다.

"으음…… 우물 밖은 말이야, 햇살이 눈부신 넓은 세상이야. 여기처럼 이렇게 어둡고 좁은 곳이 아니야."

"정말?"

"그럼, 바다도 있어."

"바다?"

"이 우물보다 수천 배 수만 배 더 넓은 곳이야. 멀리 수평선이 있고, 수평선 위로 하얀 돛단배들이 떠다니고, 수많은 고기들이 살아. 집채만 한 고래도 있어."

바람은 빙그레 웃으며 계속 개구리의 얼굴을 간질였다.

"바람아, 날 바다에 좀 데려다줘. 난 이 우물 안이 너무나 춥고 답답해."

개구리는 우물 밖에 바다가 있다는 말을 듣자 가슴이 쿵쿵 뛰었다.

"글쎄, 그렇게 해주고 싶다만…… 어떡하지? 내겐 널 도와줄 수 있는 방법이 아무것도 없어. 그건 네 자신이 해야 하는 일이야."

바람은 그 말을 끝으로 몸을 뒤척이더니 갑자기 우물을 빠져나갔다.

"바람아, 가지 마. 나랑 더 얘기해."

개구리는 급히 바람을 붙들었다. 그러나 바람은 언제 다시 오겠다는 말도 없이 급히 우물을 빠져나가 버리고 말았다.

개구리는 안타까웠다. 우물 밖에 바다가 있고, 바다에 고래가 있다는 사실을 알게 되자 더욱더 우물 밖 세상이 그리웠다. 어떻게 하면 우물 밖으로 나가 보다 넓은 세상에서 살아볼 수 있을까 하는 생각을 하는 것만으로도 하루 해가 모자랐다.

그러나 아무리 생각해도 좋은 방법이 없었다. 이웃의 눈을 피해 한밤중에 몇 번이나 우물 밖으로 나가려고 시도해 보았지만 번번이 "풍덩!" 소리를 내며 곤두박질칠 뿐이었다.

그래서 하는 수 없이 엄마 개구리에게 도움을 청했다.

"엄마, 우물 밖 세상에 나가 살고 싶어요. 어떻게 하면 여길 빠져나갈 수 있는지 엄마가 그 방법을 좀 가르쳐주세요."

"뭐라고? 너 지금 그게 제정신으로 하는 소리냐?"

엄마 개구리는 너무나 놀랍다는 듯 펄쩍 뛰는 시늉부터 먼저 내었다.

"아이구, 내 아들아, 그런 생각은 아예 하지도 마라. 우물 밖에는 나쁜 놈들이 얼마나 많은데 그러니? 뱀이란 놈은 우리를 한 입에 잡아먹어 버린단다."

"엄마, 그렇다고 한평생 여기서 살 수는 없어요. 여긴 너무 춥고 어두워요."

"아니야, 아니야, 뱀이 얼마나 무서운지 네가 몰라서 그래. 우린 여기서 살아야 해. 조상 대대로 살아온 여기가 우리 고향이고, 가장 안전한 곳이야."

엄마 개구리는 아예 우물 밖으로 나갈 생각조차 하지 말라는 말만 되풀이했다. 그러나 아들 개구리는 우물 밖으로 나가 살고 싶다는 꿈을 결코 버리지 않았다.

어느 해 여름이었다. 몇 달째 비가 오지 않아 가뭄이 몹시 심했다. 사람들이 먹을 물을 길으러 하나둘 개구리가 사는 우물을 찾아오기 시작했다.

"다른 우물은 다 말라버렸는데, 이 우물만은 마르지 않았어. 이건 정말 고마운 일이야."

우물은 하루 종일 물을 길으러 온 사람들로 붐볐다. 사람들은 서로 다투어 두레박을 드리웠다.

개구리는 사람들이 계속 두레박질하는 것을 보고 무릎을 탁 쳤다. 우물 밖으로 나갈 수 있는 절호의 기회였다.

"맞아, 저 두레박을 타고 우물 밖으로 나가는 거야!"

개구리는 두 주먹을 불끈 쥐고 마음을 굳게 먹었다. 부모형제와 헤어질 생각을 하자 눈물이 앞을 가로막았으나, 그 정도의 고통은 참고 이겨내야 한다는 생각이 들었다.

"엄마, 전 두레박을 타고 우물 밖으로 나갈 거예요. 엄마 곁을 떠나고 싶진 않지만 이 기회를 결코 놓칠 수는 없어요."

개구리는 다시 한 번 굳게 마음을 먹고 엄마 개구리한테 말했다.

엄마 개구리는 그 큰 눈을 끔벅거리며 말없이 아들 개구리의 얼굴만 쳐다보았다. 그러다가 눈에 눈물을 비치며 한참만에 입을 열었다.

"그래, 알았다, 아들아. 난 언젠가는 이런 날이 올 거라고 생각했다. 정말 섭섭하구나. 그렇지만 난 내 아들을 언제까지나 이렇게 춥고 비좁은 곳에서 살게 하고 싶지는 않다. 네가 원한다면 떠나거라. 비록 우물 밖에 많은 위험이 도사리고 있다 하더라도 이젠 떠나거라. 네가 간절히 떠나고 싶을 때 떠나는 거다. 예전에도 두레박을 타고 밖으로 나간 조상들은 많았단다. 그렇지만 이것 한 가지만은 명심해라. 두 번 다시 돌아올 생각은 하지 말아라. 우리나라에서는 우물 밖으로 나가지 못하게 법으로 정해놓고 있다. 돌아오는 날이면 사형을 당하게 돼. 알았지?"

"네, 엄마……."

개구리는 엄마의 말에 눈물이 핑 돌았다. 그렇지만 결코 엄마한테 눈물을 보이지 않았다.

개구리는 부모 형제 외에는 아무한테도 작별 인사를 하지 않고 새벽이 오기를 기다렸다. 새벽에 가장 먼저 물을 길으러 오는 사람의 두레박을 타고 밖으로 나갈 작정이었다.

먼동이 트자 한 여인이 물동이를 이고 우물가로 다가왔다. 개구리는 조마조마 가슴을 졸이며 두레박이 우물 속으로 내려뜨려지기를 기다렸다. 두레박은 우물 속으로 천천히 내려왔다.

개구리는 두레박에 물이 다 차는 것을 보고 훌쩍 두레박으로 뛰어올랐다. 두레박은 서서히 우물 밖으로 끌어올려졌다.

아, 우물 밖의 세상은 바람이 말한 그대로였다. 눈부신 햇살 아래 끝없이 너른 들판이 펼쳐져 있었고, 그 들판 끝에 푸른 바다가 넘실대고 있었다.

그것은 참으로 놀라운 광경이었다. 개구리는 놀라 입이 다물어지지 않았다. 하늘은 우물 안에서 보던 그런 구멍만 한 곳이 아니었다. 밤하늘에 별들이 그렇게 많을 줄이야 꿈에도 생각할 수 없던 일이었다.

개구리는 바닷가 가까운 강기슭에다 집을 짓고 매일 바다를 바라보며 살았다. 멀리 갈매기가 나는 수평선 너머 고래가 물을 뿜는 모습을 볼 때마다 더없이 행복했다. 바다에 무지개가 떴을 때에는 뛰는 가슴을 억누르기 어려웠다.

눈 깜짝할 사이에 몇 년이 지났다. 개구리는 우물 밖에 사는 개구리를 만나 결혼도 하고 자식도 낳아 더 이상 부족함이 없었다. 개구리는 참으로 행복했다. 자신이야말로 이 세상에서 가장 행복한 개구리라고 생각했다.

그런데 참으로 이상한 일이었다. 언제부터인가 밤에 잠을 자려고 하면 문득 우물 속에 사는 어머니의 얼굴이 떠올랐다. 한 번 어머니의 얼굴이 떠오르면 그날 밤엔 어머니 생각에 꼬박 잠을 이루지 못했다. 눈을 감아도 어머니의 얼굴이 떠오르고, 눈을 떠도 어머니의 얼굴이 아른거렸다.

개구리는 세상 넓은 줄 모르고 우물 안 개구리로 사는 부모 형제들이 불쌍했다. 우물보다 더 넓은 세상이 있다는 사실을 부모 형제에게 전해 주지 않으면 안 된다는 생각이 자꾸 들었다.

'부모 형제를 위해 내가 해야 할 일이 있는 거야. 우물 안 개구리들에게 우물 밖의 세상을 알려줄 의무가 있는 거야. 이렇게 넓고 좋은 세상에서 나 혼자만 행복하게 잘산다는 것은 잘못된 일이야. 그건 참된 행복이 아니야. 다른 개구리들도 나처럼 살 권리가 있는 거야. 나는 내 의무를 저버려서는 안 돼.'

개구리는 몇 날 며칠 골똘히 생각에 잠긴 끝에 아내에게 말했다.

"여보, 내 우물에 좀 다녀오리다. 요즘은 부쩍 어머니의 얼굴이 그립구려. 어머니를 지금까지 우물 안에 계시게 한 건 내 잘못이오. 우물에 사는 부모형제들을 이번에 모두 우물 밖으로 데리고 나올 생각이오."

"네, 그렇게 하세요. 이젠 모두 우물 밖으로 나와 살 때도 되었어요. 당신이 가서 모두 모시고 나오세요."

개구리의 아내는 아기 개구리들의 손을 잡고 멀리 동구 밖까지 남편 개구리를 바래다주었다.

개구리는 결코 돌아와서는 안 된다고 당부하던 어머니의 말씀이 떠올랐지만, 다시 물을 길러온 어느 여인의 두레박을 타고 우물로 돌아갔다.

"돌아오지 말라고 그렇게 신신당부를 했는데, 네가 돌아오다니! 이 일을 어찌하면 좋단 말이냐."

엄마 개구리는 아들 개구리를 보자 한숨부터 먼저 내쉬었다.

"아들아, 빨리 돌아가거라! 난 이렇게 널 본 것만으로도 족하다."

"아닙니다, 어머니. 이젠 어머니도 우물 밖으로 나가서 사셔야 합니다. 우물 밖은 너무나 따뜻하고 넓은 곳입니다. 저 혼자만 우물 밖에서 잘살 수는 없습니다."

"아니다, 난 너만 잘살면 된다. 빨리 여길 빠져나가도록 해라. 어서! 잡히면 죽어!"

엄마 개구리는 빨리 도망치라는 말만 되풀이했다.

"걱정 마세요, 어머니!"

"어허, 빨리 도망가래두! 지금 당장 돌아가!"

"아닙니다, 전 어머니를 모시고 가겠습니다."

개구리는 도망치지 않았다. 오히려 우물 밖으로 나가 살자고 계속 부모와 형제들을 설득했다.

그러나 그는 그날 밤을 넘기지 못하고 그만 붙잡히고 말았다.

"너는 국법을 어긴 죄가 크다. 우물 안을 벗어나서는 안 된다는 국법을 어긴 네 죄를 네가 알렷다!"

개구리는 많은 형제들이 보는 가운데서 재판을 받게 되었다.

"우리는 너를 용서할 수 없다! 평화롭게 잘 사는 형제들에게 뜬소문을 퍼뜨린 죄, 우물 밖으로 나가 살자고 감언이설로 유혹한 죄는 죽어 마땅하다!"

재판장의 목소리는 서릿발같았다.

"재판장님! 우물 밖에는 여기보다 더 넓은 세상이 있습니다."

"그런 세상은 없다."

"저는 우리 형제들에게 우물보다 더 넓은 세상이 있다는 사실을 알려 주어야 한다고 생각했습니다. 그리고 우리 형제들도 마땅히 그런 세상에서 살 권리가 있다고 생각했습니다."

개구리는 재판장 앞에서 조금도 주눅들지 않고 당당히 고개를 들고 말했다.

"넌 도대체 어떤 세상을 보고 왔길래 그 따위 바보 같은 소리를 하느냐?"

재판장은 그런 말을 하는 개구리가 퍽 가소롭다는 듯 입가에 차가운 웃음을 띠었다.

"그래, 말해 봐라. 도대체 어떤 세상이더냐?"

"바다가 있는 세상이었습니다."

"이놈아, 바다라니? 도대체 바다가 뭐냐? 이 세상에 그런 것은 없다. 여기보다 더 좋은 세상은 없어."

"재판장님! 우물 밖에는 분명 바다가 있습니다. 우물보다 더 넓은 세상이 있습니다. 이제 우린 우물에 갇혀 살 것이 아니라 한없이 넓고 큰 바다가 있는 세상으로 나가 살아야 합니다. 그렇지 않으면 우린 모두 우물 안 개구리가 되고 맙니다."

개구리는 재판장의 위엄 앞에서도 자신의 주장을 결코 굽히지 않았다.

재판장은 할 말을 잃었다는 듯 한참 동안 말이 없다가 몇몇 다른 재판관들과 의논을 한 뒤 그에게 사형 선고를 내렸다.

"넌 죽어 마땅하다. 그러나 아직 기회가 없는 것은 아니다. 단 한 번의 기회를 주겠다. 지금이라도 우물 밖의 세상에 바다가 없다고 말해라. 네가 살아본 바깥 세상보다 여기가 더 좋은 세상이라고 말해라. 그러면 너를 용서해 주겠다."

사형 집행대 위에 선 개구리는 잠시 망설였다. 울음을 삼키고 있는 어머니의 모습이 보였다. 우물 밖의 세상에서 자기를 기다리고 있을 아내와 아이들의 모습도 떠올랐다.

"그래, 아직도 우물 밖에 바다가 있느냐?"

서릿발 같은 재판장의 목소리가 다시 들려왔다.

개구리는 조금도 주저하지 않고 또박또박 힘 있는 목소리로 말했다.

"네, 우물 밖에는 바다가 있습니다. 가끔 무지개도 뜨곤 합니다."

수평선 너머엔 무엇이 있을까

바다를 사랑하는 한 소년이 커서 어른이 되었다. 소년은 어른이 되자 사는 일이 힘들고 고통스러웠다. 무엇보다도 사람을 사랑하는 일이 가장 힘들었다.

힘들어 견딜 수 없을 때마다 그는 어릴 때 뛰어놀던 바닷가로 나가 수평선을 바라보았다. 어머니가 돌아가셨을 때에도, 사랑하는 사람을 가슴에 묻었을 때에도 바닷가로 나가 먼 수평선을 바라보았다.

수평선엔 갈매기들이 날고 있었다. 어떤 갈매기는 수평선을 입에 물고 날기도 하고, 또 어떤 갈매기는 한순간에 수평선 너머로 사라지기도 했다.

그는 수평선 너머에 무엇이 있는지 궁금했다. 갈매기들이 왜 수평선 너머로 사라지는지 알 수 없었다.

수평선 너머엔 무엇이 있는 것일까. 또 수평선이 있는 것일까. 아니면 연달아 아름다운 꽃들이 피어나고, 졸졸 시내가 흐르는 그런 평화의 세

계가 펼쳐져 있는 것일까.

    그는 매일 바닷가로 나가 수평선을 바라보고 또 바라보았다. 그러다가 하루는 수평선 아래로 훌쩍 뛰어내렸다.

4장

완벽하면 무너진다

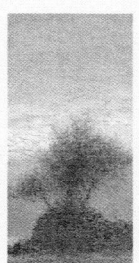

아버지와 신발

누가 아버지 이야기를 꺼내면 나는 아버지가 사주시던 신발 생각이 난다. 요즘 아이들이야 소위 메이커 있는 품질 좋은 운동화를 신지만, 내가 어릴 때만 해도 검정 고무신이나 질 낮은 운동화가 고작이었다. 어쩌다가 흰 고무신이나 때깔 좋은 운동화라도 하나 얻어신게 되면 그게 그렇게 기쁠 수가 없었다.

그런데 아버지는 신발을 사도 언제나 내 발보다 한두 치수 큰 신발을 사주셨다. 처음엔 나는 아이들은 키가 쑥쑥 빨리 자라니까 일부러 거기에 맞추어 큰 신발을 사주시는 줄 알았다. 또 가난한 집안 형편에 어떻게 해서든지 조금이라도 더 오래 신발을 신게 하기 위해서 그러시는 줄 알았다.

그러나 나는 무슨 신발을 신든 그리 오래 신지 못했다. 내 발이 채 크기도 전에 언제나 신발이 먼저 닳아버렸다. 그것은 신발의 품질이 나빴기 때문이다. 아무리 아껴 신는다 하더라도 신발이 먼저 닳아버려 내 발에 꼭 맞는 신발을 신을 수 있는 기회란 거의 없었다. 그런데도 아버지는 으레 내 발보다 한두 치수 큰 신발을 사주셨다.

나는 언제나 그게 불만이었다. 길을 걸을 때마다 신발이 벗겨질까 봐 조심스럽게 걷지 않으면 안 되었다. 한번은 학교 운동회 때 큰 신발을 신고 달리기를 하다가 꼴찌를 한 적도 있었다. 나는 자연히 걸음걸이가 느려졌으며, 아무리 급한 일이 있어도 뛰어가는 일이 드물었다.

그뒤 어른이 되어 이번에는 내가 아버지에게 신발을 사드리게 되었다. 아버지의 회갑을 기념하기 위해 백화점에 있는 어느 구둣가게에 들른 나는 아버지에게 이렇게 말했다.

"예전에 저한테 그러셨던 것처럼 이번에는 아버님이 한 치수 더 큰 구두를 사세요."

그러자 아버지가 빙긋 웃으시면서 이렇게 말씀하셨다.

"내가 네 발보다 큰 신발을 사준 것은 다 내 나름대로의 생각이 있어서였다. 그건 항상 여유를 가지고 살라는 뜻에서였다. 자기 발에 꼭 맞는 신발을 신고 정신없이 뛰어다니며 바쁘게 세상을 사는 것보다는, 조금 헐거운 신발을 신고 좀 여유 있게 걸어다니며 세상을 사는 게 더 낫지 않겠느냐."

꽃으로 만든 채찍

주인의 채찍질을 못 견뎌하는 하인이 있었다. 그는 주인이 죽으라고 하면 죽는 시늉이라도 할 정도로 주인에게 무조건 복종했다. 그러나 주인은 그에게 채찍질을 멈추지 않았다. 조금만 마음에 들지 않아도 이것저것 채찍을 바꾸어가면서까지 휘둘러대었다.

하인의 몸엔 멍 자국이 가실 날이 없었다. 하인은 그대로 가만히 있다간 제대로 목숨조차 부지하기 어렵다는 생각이 들어 어떻게 하면 주인의 채찍으로부터 벗어날 수 있을까 하고 곰곰 생각했다. 그러나 아무리 생각해도 별달리 뾰족한 수가 없었다. 주인이 채찍질을 멈추지 않는 한 그것은 아무런 방법이 없는 일이었다.

주인은 아무리 정성을 다해도 여전히 채찍질을 멈추지 않았다. 이제 그의 소원은 아무리 채찍으로 맞는다 하더라도 아프지 않은 채찍으로 맞았으면 하는 것뿐이었다.

그런 어느 봄날이었다. 하인은 주인을 따라 들녘으로 나갔다. 들녘엔 꽃들이 피어나 아름다웠다. 갯패랭이꽃, 개별꽃, 개불알꽃, 개망초꽃, 구름바늘꽃, 고깔제비꽃, 그늘바람꽃, 매발톱꽃 등 수많은 풀꽃들이 다투어 피어나 있었다.

하인은 오랜만에 아름다운 꽃들을 보자 우울하던 마음이 환하게 밝아왔다. 힐끗 주인을 쳐다보자 주인도 꽃들을 보고 환하게 미소짓고 있었다.

'옳거니! 저 꽃들로 채찍을 만들어 주인께 드리자. 꽃으로 만든 채찍이니까 아마 아프지 않을 거야.'

하인은 서둘러 풀꽃으로 채찍을 만들어 주인께 드렸다.

"주인님, 저의 소원은 꽃으로 만든 이 채찍으로 맞는 것입니다. 부디 저의 소원을 들어주십시오."

"그래? 그게 너의 소원이라면 들어주지."

주인은 꽃으로 만든 채찍을 넘겨받아 힘껏 하인을 후려쳤다.

하인은 깜짝 놀라지 않을 수 없었다. 꽃으로 만든 채찍이기 때문에 아무리 힘껏 내리쳐도 아프지 않을 것이라고 생각했으나 그게 아니었다. 주인이 한 번씩 채찍을 내리칠 때마다 너무 아파 기절할 정도였다. 하인의 등허리엔 금세 시뻘겋게 채찍 자국이 났다.

하인은 주인의 채찍질이 끝나자 마당 한구석에 고개를 처박고 하염없이 울었다. 하인은 아무리 꽃으로 만든 것이라 할지라도 채찍은 채찍이라는 사실을 몰랐던 것이다.

별이 되고 싶었던 개구리

별이 되고 싶었던 개구리가 있었다. 밤하늘에 반짝이는 별을 볼 때마다 별빛으로 빛나고 싶었던 개구리가 있었다.

개구리는 어느 날 개똥벌레가 반딧불이라는 빛을 꼬리에서 내뿜는 것을 보고 '옳거니, 됐구나!' 하고 개똥벌레를 찾아갔다.

"개똥벌레야, 나도 너처럼 그런 우아한 빛을 내뿜고 싶은데, 어떻게 그 방법을 좀 가르쳐줄 수 없겠니?"

"이건 우리 개똥벌레들만이 할 수 있는 일이야. 넌 개구리야. 개구리가 어떻게 반딧불을 낼 수 있겠니."

개똥벌레는 개구리가 가소로웠지만 겉으로 드러내지 않고 친절하게 대해주었다.

개구리는 어떻게 하면 반딧불과 같은 맑고 깨끗한 빛을 내뿜을 수 있을까 하고 곰곰 생각했다. 그러나 아무리 궁리해 보아도 개똥벌레를 많이 잡아먹는 것 외에는 다른 방법이 떠오르지 않았다.

개구리는 닥치는 대로 개똥벌레를 잡아먹었다. 배가 불러서 더 이상 잡아먹을 수 없을 때까지 개똥벌레를 잡아먹었다.

아니나 다를까. 개구리의 몸에서도 개똥벌레와 똑같은 반딧불이 뿜어져나오기 시작했다. 개똥벌레는 배에 루시페린이라는 물질이 있어 공기가 들어오면 그것이 반응을 일으켜 빛을 내는데, 개똥벌레를 많이 잡아먹은 개구리의 몸에서도 그 물질이 빛을 내기 시작한 것이다.

개구리는 신이 나서 밤하늘의 별들을 보고 소리쳤다.

"우와! 나도 이제 별이 된 거야. 내 몸에서 빛나는 이 별빛을 좀 봐! 너희들보다 더 아름답지 않니?"

개구리가 별들을 보고 그렇게 정신없이 소리치고 있을 때였다. 두꺼비 한 마리가 개구리의 몸에서 나는 불빛을 보고 가만히 다가와 그만 개구리를 덥석 삼켜버렸다.

가장 훌륭한 우산 장수

우산 장사를 하는 한 청년이 있었다. 청년은 세상에서 가장 훌륭한 우산 장수가 되고 싶어 단 하루라도 우산을 팔러 다니지 않는 날이 없었다.

여름 장마가 시작되자 청년은 그 어느 때보다 부지런히 우산을 팔러 다녔다. 그러다가 어느 날 골목에서 한 노인을 만났다. 비록 행색은 초라했으나 노인은 평생 동안 우산을 팔며 살아온 노인이었다. 청년은 그 노인에게 가장 훌륭한 우산 장수가 되는 비법을 묻고 싶었다.

"저어, 어르신!"

청년은 비닐우산을 옆구리에 끼고 얼른 노인에게 다가가 고개를 숙였다.

"한 가지 여쭙고 싶은 게 있습니다. 저는 세상에서 가장 훌륭한 우산 장수가 되고 싶습니다. 어떻게 하면 될 수 있을까요?"

노인은 발걸음을 멈추고 청년의 얼굴을 빤히 쳐다보았다.

"어르신, 저도 새들이 움직이는 모양을 보고 날씨 정도는 알아차립니다. '제비가 낮게 날면 비가 온다'는 속담이 왜 생겼는지도 잘 알고 있습니다. 날씨가 나빠지면 땅 위의 벌레들이 낮은 곳으로 이동하기 때문에 제비도 벌레를 잡기 위해서는 자연히 땅 위에 닿을 정도로 낮게 날아다닐 수밖에 없습니다. 금방이라도 비가 쏟아질 듯 하늘이 캄캄해지면 새들이 바쁘게 날아다니는 모습을 볼 수 있는데, 그것 또한 비가 올 것을 대비해 새들이 급히 먹이를 구하러 나온 것입니다."

청년은 노인이 혹시 자신을 무시할지도 모른다 싶어 장황하게 이야기를 늘어놓았다.

노인은 말없이 청년을 쳐다보았다. 굳게 다문 입술 주위로 주름이 깊게 파인 것으로 보아 노인은 좀처럼 입을 열 것 같지 않았다.

"저는 우산 장수로서 날씨도 마음대로 바꿔볼 작정입니다."

그 말 때문이었을까. 노인의 입가에 갑자기 엷은 냉소가 일었다.

"날씨마저 마음대로 바꿀 수 있는 우산 장수가 가장 훌륭한 우산 장수라고 생각됩니다만…… 평소 어르신께서는 어떤 생각을 하셨는지요?"

"나도 한때 그런 생각을 한 적이 있었지."

입가에 번진 냉소가 커지는가 싶더니 노인이 입을 열었다.

"그래, 날씨를 바꿀 수 있는 좋은 방법이라도 있는가?"

"지금 그 방법을 연구 중입니다. 앞으로 열심히 노력해서, 우산을 많이 팔고 싶은 날은 비를 오게 하고, 어디 밖으로 놀러라도 가고 싶은 날은 부드럽고 맑은 햇살이 비치게 할 작정입니다만, 혹시 어르신께서 체득하신 비법이 있으면 좀……."

청년의 말이 채 끝나기도 전이었다. 노인은 더 이상 청년의 말을 듣지 않고 저만치 앞서 발걸음을 재촉했다.

"어르신, 어르신! 한 말씀만 해주십시오. 그냥 가시면 어떡합니까? 우산을 많이 파는 데에는 무엇이 가장 중요한 것인지요?"

청년이 얼른 노인의 앞을 가로막았다. 그러자 노인은 귀찮다는 듯이 다시 입을 열었다.

"날씨를 잊어버리게!"

"네?"

"날씨에 대해서는 아예 관심을 갖지 말게."

청년은 노인의 말이 이해가 되지 않아 저만큼 앞서 걸어가는 노인의 뒤를 바짝 따라갔다.

"어르신! 우산 장수가 날씨에 관심을 갖지 않고 어떻게 우산을 많이 팔 수 있습니까? 그건 앞뒤가 맞지 않는 말씀입니다."

노인은 발걸음을 멈추고 참으로 딱하다는 듯이 한참 동안 청년을 쳐다보았다.

"날씨 걱정은 하지 말고, 자넨 그저 꾸준히 우산을 팔기만 하게. 비가 올까 안 올까 걱정하지 말란 말일세. 자네가 걱정을 한다고 해서 비가 오고, 자네가 걱정을 하지 않는다고 해서 비가 안 올 줄 아는가? 진정한 우산 장수는 날씨에 신경을 쓰지 않네. 그것은 하늘에 달려 있는 문제네. 우리가 해가 지지 않기를 바란다고 해서 어디 해가 지지 않던가?"

첫눈이 오는 이유

예전에 사람들은 누구나 첫눈이 오기를 기다렸다. 입동이 지나고 날씨가 제법 쌀쌀해지면 언제 첫눈이 오나 하고 설레는 가슴을 어쩌지 못했다. 그러다가 어느 날 아침 무심코 창문을 열었을 때, 마당 가득히 첫눈이 와 있으면 자신도 모르게 "와! 눈 왔다! 첫눈이다!"하고 탄성을 내질렀다. 단지 첫눈이 왔다는 이유만으로 다들 벅찬 가슴을 억누르지 못했다. 공연히 마음이 설레어 아침밥도 뜨는 둥 마는 둥하고 집을 나섰다. 공연히 얼굴에 화기가 돌고, 만나는 사람마다 반갑고 아름다운 얼굴들이었다.

어디 그뿐인가. 첫눈 오는 날 만나자고 약속한 사람들은 서로 보고 싶은 이들의 얼굴을 떠올리며 약속 장소에 가느라고 하루종일 분주했다. 1년 동안이나 기다린 약속이 제대로 지켜질 것인지 가슴 두근거리다가 약속 장소에 먼저 와 앉아 있는 이의 모습을 보게 되면 오직 그것만으로도 벅찬

사랑의 감동을 맛보았다. 그러면서 첫눈 오는 날 사랑하는 이를 만나게 해준 첫눈에게도 늘 감사하는 마음을 잊지 않았다.

이렇게 첫눈은 기다림의 대상이자 탄성과 고마움의 대상이었다. 그러나 이제는 그렇지 않다. 이제는 간밤에 첫눈이 내렸다고 탄성을 지르는 이들을 거의 찾아볼 수 없게 되었다. 탄성은커녕 왜 안 오던 눈이 내려서 사람을 귀찮게 하느냐고 짜증부터 먼저 내는 이들이 대부분이다.

"오늘 차를 가지고 가야 되나, 어째야 되나?"

"아무래도 출근길에 교통대란이 일겠는데……."

대부분의 사람들은 이런 이야기만 할 뿐 첫눈의 아름다움과 눈부심과 그 기쁨과 고요함에 대해서는 아무런 관심을 나타내지 않는다. 나뭇가지에 소복이 눈꽃을 피워도, 그 눈꽃 위에 해맑은 햇살이 앉아도 무관심하다. 눈으로 뒤덮인 설악이 장관을 이루어도 한계령과 미시령에 교통이 두절되었다는 소식에만 관심을 기울인다.

더구나 첫눈 오는 날 만나자고 약속하는 사람은 이제 단 한 사람도 찾아볼 수가 없다. 만나고 싶은 사람이 있으면 만나고 싶은 그 순간에 휴대폰으로 전화를 하면 그만인 세상에 첫눈 올 때 만나자는 약속 따위는 이제 우스꽝스러운 것이 아닐 수 없다.

첫눈은 이제 더 이상 지상에 내리고 싶지 않았다. 아무도 간절히 기다려주는 이 없는 지구에 더 이상 내릴 필요가 없다고 생각되었다.

그러나 첫눈은 올해에도 또 내리고 말았다. 그것은 지구의 한 모퉁이, 서울이라는 곳에 사는 한 소년 때문이다.

소년은 서울에서도 가난한 달동네에 사는 소년가장이었다. 소년은 동생들을 위해 해마다 첫눈이 내리면 눈사람을 만들어주었다.

"오빠, 왜 눈사람 안 만들어주는 거야?"

"눈이 내려야 만들지."

"눈은 언제 내리는 거야?"

"겨울에 내려. 넌 아직 그것도 모르니?"

"겨울이 언제 오는데?"

"가을이 지나야 와."

"알았어. 그럼 가을이 지나면 눈사람 꼭 만들어주는 거지?"

"그럼."

"약속해."

소년은 여섯 살짜리 동생과 새끼손가락을 걸고 약속을 하고는 첫눈이 내리기를 간절히 기다리고 있었다.

올해도 첫눈이 내리는 것은 바로 그 소년 때문이다. 그 소년 때문에 세상은 또 한 번 순백으로 빛난다.

성모님, 죄송합니다

소년이 장난을 치다가 안방에 놓인 성모상의 목을 톡 부러뜨렸다. 목은 데구루루 굴러 엄마의 화장대 한쪽 구석에 가 나부라졌다.

소년은 덜컹 가슴이 내려앉았다. 목은 목대로 몸은 몸대로 나뒹구는 성모님께 죄스럽기도 했지만, 우선 엄마한테 야단맞을 일이 더 걱정되었다.

소년은 동강난 성모상을 주워들었다. 쓰레기통에 내다버릴까 하고 한참 망설이다가 두르르 신문지에 싸서 책상 서랍 깊숙이 집어넣었다.

세월이 흘렀다. 소년은 청년이 되어 집을 떠나게 되었다. 소년은 집을 떠나기 전에 책상 서랍 정리를 하다가 깜짝 놀라고 말았다. 서랍 속에서 목이 동강난 성모상이 나왔던 것이다.

"성모님, 죄송합니다."

소년은 성모님께 너무나 죄송스러워 급히 강력 접착제를 사서 성모상을 다시 예전처럼 붙여 엄마의 화장대 위에 올려놓았다.

그날 밤, 소년의 꿈에 성모님이 나타나서 소년의 머리를 쓰다듬었다.
"고맙다, 애야."

손가락들의 대화

손가락들이 방 안에 앉아 서로 불평을 늘어놓았다.

"나는 왜 이렇게 짧지? 이건 너무 불공평해. 누군 짧고, 누군 길고. 이건 말도 안 돼. 평등해야 해."

가장 먼저 불만의 목소리를 드높인 것은 엄지손가락이었다.

"그런 소리 마. 그래도 넌 나보다 나아. 넌 손가락 중에서 가장 으뜸으로 치잖아."

집게손가락이 엄지손가락을 보고 눈을 흘겼다.

"아냐, 으뜸은 나야. 내가 키가 제일 크잖아."

이번에는 가운뎃손가락이 기분 나쁘다는 듯 얼굴을 잔뜩 찌푸렸다.

"아휴, 도대체 난 이게 뭐야? 왜 나더러 약손가락이라고 하는 거야? 요즘은 약도 잘 달이지 않는데 병든 사람들 약이나 달일 때 쓰인다니!"

더 이상 참지 못하고 약손가락이 한마디 하자 새끼손가락이 눈살을 찡

그리며 말했다.

"아휴, 나도 그래. 늘 꼬맹이 취급만 받고. 있어도 좋고 없어도 좋은 신세니 이건 너무 불공평해! 다들 키가 똑같아야 해!"

손가락들의 불평이 한동안 계속되느라 방 안은 몹시 소란스러웠다. 그러자 그들이 하는 이야기를 가만히 듣고 있던 손이 말했다.

"얘들아, 너희들이 키가 똑같다면 난 피아노를 칠 수가 없단다. 우리가 쇼팽의 아름다운 곡을 들을 수 있는 건 손가락들의 키가 각기 다르기 때문이야. 그리고 너희들의 키가 똑같다면, 사람들이 두 손 모아 기도할 수 없단다. 혹시 기도를 한다 하더라도 기도하는 손이 결코 아름다워 보이지 않을 거야. 이 세상에 획일만큼 무서운 것은 없거든."

바늘구멍으로 들어간 황소

 농사꾼 김씨 집에 사는 황소 누렁이는 우연히 주인 김씨와 막내딸 연이가 나누는 이야기를 듣게 되었다.
 "아빠, 나 중학교 보내주세요."
 "또 그 소리……."
 "보내주세요, 아빠. 나보다 공부 못하는 옆집 숙이도 중학교에 간단 말이에요."
 "넌 내가 안 된다고 몇 번이나 말을 해야 알아듣겠니? 나도 널 중학교에 보내고 싶은 마음은 굴뚝같단다. 나라고 왜 보내고 싶은 마음이 없겠니. 그렇지만 우리 형편이 안 되잖아. 네 오빠 둘 공부시키는 것만 해도 정말 힘들다. 우리 집에서 너마저 학교 보낼 돈은 없어."
 "그럼 이대로 초등학교만 졸업하고 말란 말이에요?"
 "어떡하니? 지금 당장은 어쩔 수 없다. 널 중학교에 못 보내는 이 애비 마음도 정말 아프다. 그러니 이제 두번 다시 그런 말은 꺼내지 말아라. 그건 황소가 바늘구멍으로 들어가기 전에는 안 되는 일이야."

누렁이는 그 말을 듣고 깜짝 놀라지 않을 수 없었다. 그것은 자기가 바늘구멍으로 들어가기만 하면 연이가 중학교에 들어갈 수 있다는 말이기도 했다.

누렁이는 착하고 공부 잘하는 연이를 중학교에 다니게 하고 싶었다. 사랑하는 연이를 위하는 일이라면 무슨 일이든지 할 수 있을 것 같았다.

누렁이는 그날부터 자신이 바늘구멍으로 들어갈 수 있는 방법을 생각했다. 그러나 아무리 생각에 생각을 거듭해도 바늘구멍으로 들어갈 수 있는 방법은 없었다.

누렁이는 매일 밤 하늘을 향해 그 방법을 가르쳐달라고 간절히 기도를 올렸다. 그러자 어느 날 하늘에서 음성이 들려왔다.

"누렁이야, 네 목숨을 버리지 않으면 바늘구멍으로 들어갈 수 없다. 너의 그 생각을 버려라."

"아닙니다. 버릴 수 없습니다."

"네 목숨을 버리지 않으면 안 되는 일인데도?"

"그렇습니다. 제 목숨을 버리겠습니다."

"그게 정말이냐?"

"네, 그렇습니다."

"후회하지 않겠어?"

"후회하지 않겠습니다."

며칠 뒤, 첫눈이 내린 날 밤이었다.

하늘에서 빛줄기 하나가 내려와 누렁이의 눈 앞을 환하게 밝혔다. 누렁이는 천천히 그 빛줄기를 따라갔다. 빛줄기는 어느 커다란 성문 안으로 끝도 없이 이어졌다. 누렁이는 그 빛줄기를 따라 눈 내리는 밤길을 끝도 없이 걸어갔다.

다음 날 아침, 연이가 눈을 쓸기 위해 빗자루를 들고 나가자 사립문 앞에 누렁이가 죽어 있었다.

"아빠! 빨리 나와보세요, 누렁이가 죽었어요!"

연이는 놀라 소리치며 누렁이 주변을 살펴보았다. 누렁이 머리맡에 엄마가 이불 홑청을 시칠 때 쓰는 바늘 하나가 떨어져 있었다.

"어? 바늘이 왜 여기에 떨어져 있지?"

연이가 고개를 갸우뚱거리며 바늘과 누렁이를 번갈아 쳐다보았다.

누렁이가 바늘구멍으로 들어갔다는 사실을 아는 사람은 이 세상에 아무도 없었다.

기다림

제주도 만장굴 속을 걸어가다 보면 커다란 돌거북 한 마리가 나온다. 사람들은 그 돌거북의 등이 제주도의 지형과 꼭 닮았다고 해서 거북 주위에 울타리를 쳐놓고 무척 애지중지한다.

어느 날 만장굴을 구경간 한 시인이 거북에게 왜 바다에서 살지 않고 이렇게 굴속에서 혼자 사느냐고 물었다. 그러자 돌거북이 슬픈 눈을 하고 시인에게 말했다.

"저는 원래 사랑하는 가족들과 함께 바다에서 살고 있었습니다. 그런데 한라산에 화산이 터지는 바람에 용암에 뒤섞여 여기까지 흘러 들어왔다가, 바닷물은 빠져나가고 저만 남아 이렇게 돌거북이 되고 말았습니다. 그렇지만 저는 아직도 포기하지 않고 있습니다. 언젠가는 만장굴에 바닷물이 다시 흘러 들어와 제가 다시 바다로 헤엄쳐 갈 수 있는 날을 기다리고 있습니다. 저는 아직 단 한 번도 그 기다림을 포기해 본 적이 없습니다."

사람의 어깨

　사람의 양쪽 어깨 위에는 두 신이 살고 있다. 하나는 인간의 악행을 기록하는 신이고, 또 하나는 인간의 선행을 기록하는 신이다. 인간이 죽어 옥황상제한테 가면 그 두 신은 각자 자기가 기록한 기록부를 제출해 옥황상제로 하여금 그 인간의 천국행과 지옥행을 결정하게 한다.
　그런데 그런 사실을 미리 알고 있던 한 사내가 있었다. 그는 자신의 악행을 기록하는 신을 어떻게 하면 없애버릴 수 있을까 하고 늘 곰곰 생각하다가, 어느 날 악행을 기록하는 신이 살고 있는 자기의 한쪽 어깨를 없애버리고 말았다. 그리고 한쪽 어깨가 없는 불구의 몸으로 온갖 악행을 저질렀다. 아무리 악행을 저질러도 그 악행을 기록할 신이 없었으므로 아무것도 거리낄 것이 없었다.
　물론 그 사내도 죽어 옥황상제 앞으로 갔다. 평생 동안 악한 짓만 하다가 옥황상제 앞에 섰으나 그는 아무것도 걱정할 게 없었다. 악행을 기록

하는 신은 이미 죽어 없어진 지 오래였기 때문에 보나마나 천국행으로 결정날 게 뻔한 일이었다.

그러나 그게 아니었다. 옥황상제는 그를 지옥으로 가라고 명했다. 그것도 늘 굶주리고 매를 맞는 아귀도로 가라고 명령했다.

"아니, 도대체 그게 무슨 말씀이십니까? 제가 무슨 악행을 저질렀다고 아귀도로 보내신다는 말씀입니까?"

그는 당당한 태도로 두 눈을 부릅뜨고 옥황상제에게 대들었다. 그러자 옥황상제가 그의 한쪽 어깨에서 선행을 기록한 신을 불러 그 이유를 설명하게 했다.

"물론 나는 선행을 기록하는 신입니다. 그렇지만 아무리 기다려도 당신이 선한 일을 하지 않아 너무나 심심했습니다. 그래서 아예 악행이라도 기록하는 것이 덜 심심했습니다."

젖무덤

젖가슴은 사람들이 자기를 젖무덤이라고 표현하는 것을 듣고 기분이 아주 나빴다.

"왜 하필이면 무덤이야. 무덤은……."

젖가슴은 그날 저녁 거울 앞에 자신의 모습을 비춰보았다. 젖가슴은 잘 익은 과일처럼 여전히 탐스럽고 아름다웠다.

"이렇게 아름다운 가슴을 무덤으로 표현하다니, 사람들은 전부 돌았어!"

젖가슴은 새삼 기분 나쁘다는 듯 이맛살을 찌푸렸다.

젖무덤은 그런 젖가슴을 보고 가만히 있을 수가 없었다. 젖무덤은 조용히 젖가슴에게 다가가 타이르듯 입을 열었다.

"너는 인간의 가슴이 결국은 인간의 무덤이라는 걸 모르는구나. 인간들은 자식이 죽어도 가슴에 묻고, 부모가 죽어도 가슴에 묻는다. 넌 어째서 하나는 알고 둘은 모르는가?"

신(神)과의 약속

인간에게 강한 불만을 품고 있는 수퇘지 한 마리가 있었다. 그는 돼지들이 인간들에 의해 한낱 고깃덩이로 처리된다는 사실에 대해 늘 불만을 품고 있었다.

"우리한테도 영혼이 있어. 영혼이 있단 말이야!"

그는 동료 돼지들이 인간의 손에 도살당할 때마다 길고 긴 울음을 토해내었다.

인간은 그의 울음에 대해서는 아무런 관심을 나타내지 않았다. 인간은 암퇘지와 교미가 필요할 때만 그에게 관심을 나타내었다.

그는 종돈이었다. 인간이 시키는 대로 인간이 보는 앞에서 암퇘지와 섹스를 나누고 분노의 눈물을 흘리는 씨퇘지였다.

어떻게 하면 저 인간의 손길에서 벗어날 수 있을까. 어떻게 하면 인간을 파멸시키고 돼지다운 삶을 살 수 있을까.

그는 허구한 날 그런 생각으로 하루 해를 보냈다. 그러나 달리 뾰족한 방법은 없었다. 그저 인간이 주는 사료를 먹고 돼지우리 안에 갇혀 꿀꿀거리며 인간에 대한 증오심을 키우며 사는 수밖에 다른 도리가 없었다.

그러던 어느 여름날이었다. 거센 비바람이 몰아쳤다. 나무가 뿌리째 뽑히고 여기저기 인간의 집들이 떠내려갔다. 돼지들도 우리에서 벗어나 물속으로 뿔뿔이 흩어졌다.

수퇘지는 그제야 하늘이 인간을 벌한다 싶어 도도히 흐르는 황톳물을 신나게 헤엄쳐나갔다.

그러나 얼마나 헤엄쳐나갔을까. 몸에 힘이 빠진 그는 물에 떠내려가기 시작했다. 아무리 헤엄을 치려고 해도 더 이상 팔다리가 말을 듣지 않았다. 숨을 쉴 때마다 입 안으로 계속 물이 흘러들어와 정신이 몽롱했다. 이대로 죽어서는 안 된다 싶어 눈앞의 나뭇가지를 잡았으나 곧 놓쳐버렸다. 떠내려오는 집의 지붕 위로도 올라가 보았으나 그것도 잠시뿐 곧 급류에 휩쓸려버렸다.

물의 흐름은 빨랐다. 어디로 흐르는지 알 수 없었다. 주위엔 어둠이 밀려오기 시작했다. 눈앞엔 죽음의 그림자가 어른거렸다.

"살려주세요, 하느님! 살려주시면 인간을 미워하지 않고 살겠습니다. 아니, 인간을 위해 살겠습니다. 약속하겠습니다. 제발 살려주세요!"

그는 신에게 간절히 매달렸다. 희미해지는 의식 속에서 살고 싶다는 생각밖에 들지 않았다.

그때 건너편 언덕 위에 있던 한 청년이 거센 물결을 거슬러와 그를 건져내었다.

"감사합니다, 하느님! 당신과의 약속을 꼭 지키겠습니다."

그는 너부죽이 엎드린 채 신에게 감사했다.

그뒤 그는 늙어 종돈으로서의 역할을 다할 때까지 청년의 집에서 살았다. 그러다가 죽어서는 신과의 약속을 지키기 위해 청년의 집 잔칫상에 웃기로 놓여졌다.

지금도 우리가 고사를 지낼 때 돼지머리를 상 위에 올릴 수 있는 것은 그 수퇘지가 계속 약속을 지키기 때문이다.

귀무덤

임진왜란 때 왜병들이 하나의 전과물로써 조선인의 귀를 잘라 일본으로 가져가 매장한 무덤을 귀무덤, 즉 이총이라고 한다.

현재 일본 교토시 히가시야마구에 이 귀무덤이 있다. 그런데 이 귀무덤에 묻힌 수많은 귀 중에서 아버지 귀와 아들 귀가 있었다.

어느 날 아버지 귀가 아들 귀에게 물었다.

"아들아, 넌 늘 무슨 소리를 듣느냐?"

"저는 우리가 살던 바닷가 파도소리를 들어요. 아버지는요?"

"응, 나는 어린 시절 해질 무렵에 엄마가 사립문 앞에서 '밥 먹으러 오너라' 하고 외치던 소리를 늘 듣는단다."

비로자나불의 마음

경주 불국사 비로전에 비로자나불의 개금 공사가 있었다. 개금 공사란 불상에 금칠을 다시 하는 일로 절에서 행해지는 공사 중에서 첫손에 꼽히는 공사다. 개금 공사는 장기간에 걸쳐 아주 정성스럽게 이루어지기 때문에 일단 개금 공사가 시작되면 부처님의 머리에다 흰 조선종이로 만든 고깔 모양의 덮개를 씌워놓는다. 그러면 그 모습이 마치 조선 시대나 구한말 때의 죄수가 용수를 쓴 모습처럼 보여 보는 이의 마음을 섬뜩하게 만들기도 한다.

불국사 비로전의 비로자나불은 벌써 몇 달째 덮개로 얼굴이 가려져 있어 가슴이 답답했다. 아침이면 조선종이를 통과한 맑은 햇살이 얼굴을 간질이며 장난을 치곤 하나 아무래도 비로전 창문 사이로 보이는 나뭇잎들의 맑고 눈부신 모습들을 보지 못해 숨이 막힐 듯 답답한 것은 사실이었다.

바로자나불은 자신의 몸이 금빛으로 새로 칠해져 번쩍거리는 것이 아주 싫었다. 좀 낡았으면 낡은 대로, 칠이 좀 벗겨졌으면 벗겨진 그대로의 모습이 바로 자신의 참모습이라고 여겨져 개금 공사 자체가 영 못마땅하게 생각되었다. 무엇보다도 금칠에는 인간의 더러운 마음이 투영돼 있는 것 같아 싫었다. 황금의 빛만이 진리의 빛이라고 생각하는 것은 다른 빛에 대한 모독일 수도 있었다.

"이보게, 난 이대로가 좋네. 있는 모습 그대로 있어야 중생들이 보다 편안한 마음으로 날 찾아올 수가 있네. 이젠 날 그만 괴롭히고 이대로 그냥 놔두게."

비로자나불은 개금 공사를 담당한 스님에게 은근히 자신의 의견을 피력했다. 그러나 스님은 비로자나불의 말을 듣는 둥 마는 둥하고 공사를 강행했다.

비로자나불은 괴로웠다. 금칠은 어느새 엉덩이 부분을 지나 허리 부분까지 칠해지고 있었다. 늘 오른쪽 둘째손가락을 똑바로 세우고 그 손가락 끝을 왼손으로 움켜쥐고 있던 비로자나불은 너무 괴로웠던 나머지 손가락을 잡은 손에 자꾸 힘을 주었다. 그러다가 새벽달이 기운 밤, 별들이 외롭게 떨고 있는 밤에 그만 손가락을 힘껏 깨물고 말았다.

피가 흘렀다. 사람들은 피를 멈추게 하기 위해 비로자나불의 손가락부터 먼저 금칠을 했다. 그러나 피는 멈추지 않았다. 피는 서서히 비로자나불의 가슴을 적시고 땅을 적시고 풀잎을 적셨다. 그리고 사람들의 가난한 마음을 적셨다. 다만 사람들의 마음만이 그것을 모를 뿐이었다.

별똥별

첨성대에 지금처럼 울타리가 쳐져 있지 않고 그 앞으로 바로 채마밭이 있던 시절, 첨성대가 있는 인왕동 동네 아이들은 심심하면 첨성대에 올라가 놀곤 했다.

멀리서 보면 잘 모르지만 가까이 다가가서 보면 첨성대는 발을 딛고 올라갈 수 있도록 돌이 조금씩 안쪽으로 들어가 있다. 그 돌을 디디고 조심스럽게 창문 있는 데까지 올라가 고개를 쑥 들이밀면, 첨성대는 그 안이 텅 비어 있는 게 아니라 창문턱까지 흙이 가득 차 있어 마치 둥지처럼 아늑하다. 바람 부는 겨울날에도 바람 한 점 들어오지 않는다. 그래서 동네 어른들은 첨성대 안에 들어가 때로는 화투를 치기도 하고, 젊은 청춘 남녀들은 몰래 사랑을 나누기도 했다.

그런데 도둑질을 하고 나면 첨성대 안에 들어가 꼭 똥을 누고 나오는 한 도둑이 있었다. 도둑이 도둑질한 집에 똥을 누고 나오면 붙잡히지 않는다는 옛말이 있는데, 그 도둑은 꼭 첨성대 안에 들어가 똥을 누고 나왔다. 한번은 남의 집 담을 뛰어넘어 도둑질을 하고 나서 깜빡 첨성대 안에 똥누는 일을 잊었다가 나중에 붙들려 고초를 겪은 이후로는 더욱 철저히 첨성대 안에 똥누는 일을 잊지 않았다.

첨성대는 도둑이 똥을 눌 때마다 괘씸하기 짝이 없었다. 가을철에 추수를 끝내고 가끔 어른들이 올라와 화투를 치거나 욕정에 들뜬 남녀가 올라와 사랑을 나누고 가는 일쯤이야 귀엽게 봐줄 수 있었으나, 도둑이 똥을 누고 가는 일은 영 보아줄 수가 없었다.

그래서 첨성대는 도둑이 기어오를 때 몇 번 몸을 흔들어 그를 떨어뜨렸다. 그러나 도둑은 도둑질을 할 때마다 번번이 안으로 기어들어와 한 무더기씩 펑퍼짐하게 똥을 누고 갔다.

첨성대는 화가 나서 견딜 수 없었다. 그렇지만 더 이상 어떻게 할 방도가 없었다. 누가 치울 때까지 그저 도둑이 누고 간 구린 똥냄새를 맡을 수밖에 없었다.

그런 어느 날, 첨성대 안에 들어온 도둑이 또 똥을 누다가 급살을 맞은 일이 발생해 온 마을이 떠들썩했다. 오랜만에 첨성대에 떨어진 별똥별에 도둑이 머리를 맞아 그만 숨소리 한번 제대로 내지 못하고 죽고 만 것이다.

쥐똥나무

이름 없는 나무 한 그루가 있었다. 그 나무의 소원은 자기만의 이름을 갖는 것이었다. 다른 나무들은 모두 이름이 있는데 자기만 이름이 없어 나무는 그게 늘 불만이었다.

그러나 아무리 소원해도 그에게 이름을 붙여주는 이는 없었다. 하다못해 자기 스스로 '하늘나무'니 '별나무'니 하고 이름을 붙여보았지만, 아무도 그 이름을 불러주지 않았다. 이름이란 다른 이들이 자꾸 불러주어야만 진정 자기 이름이 되는 것이었다.

그런 어느 날 밤이었다. 병든 쥐 한 마리가 살며시 다가와 그에게 말을 걸었다.

"나무야, 난 지금 병이 들었어. 온몸이 쑤시고 아파. 더구나 난 지금 잠 잘 곳도 없어. 오늘밤 날 좀 재워줄 수 있겠니?"

"그럼, 재워주지."

나무는 이제 막 돋은 부드러운 이파리를 엄마처럼 벌려 쥐를 편안하게 재워주었다.

"정말 고마워. 잘 자고 났더니 이제 좀 괜찮아. 그런데 나무야, 배가 고프다. 뭐, 먹을 거 좀 없겠니?"

아침이 되자 이번에는 쥐가 울상을 짓고 배를 슬슬 쓰다듬으면서 말했다.

"글쎄, 아무것도 먹을 게 없는데, 어떡하지? 우리 나무들은 이슬이나 햇살을 먹고살기 때문에 마땅히 줄 게 없네."

나무는 배고픈 쥐에게 무엇을 줄 수 있을까 하고 생각하다가 아무것도 줄 게 없어 자기 몸의 일부인 푸른 잎사귀를 조금 떼어주었다.

"지금 내가 줄 수 있는 건 이것뿐이야. 배가 고프니까 우선 이거라도 좀 먹어봐. 나중에 더 맛있는 게 있을 거야."

쥐는 깜짝 놀라지 않을 수 없었다.

'세상에! 자기 몸을 떼어주다니!'

쥐는 지금까지 여러 나무들을 찾아가 하룻밤 재워줄 것을 부탁도 해보고 먹을 것도 얻어먹어 보았지만, 이렇게 자기 잎사귀를 떼어주는 나무는 처음이었다.

"넌 정말 고마운 나무구나. 그런데 넌 이름이 뭐니?"

쥐는 나무 잎사귀를 다 먹고 나자 그의 이름이 궁금했다.

"난 이름이 없어."

"아니, 이름이 없다니? 그런 나무가 어딨어?"

"정말이야. 이름을 갖는 게 내 소원이야."

나무는 자기만이 이름이 없다는 사실에 새삼 마음이 슬펐다.

"슬퍼하지 마. 내가 좋은 이름 하나 지어줄게."

쥐는 앞발로 나뭇가지를 톡톡 치면서 슬퍼하는 나무의 마음을 위로해 주었다.

"그 대신 나 부탁이 하나 있어. 매일 밤 네 품에 안겨 자게 해줘. 네가 어떤 나무인지 알아야 이름을 잘 지을 수 있어."

"좋아. 잠잘 데가 없으면 언제든지 나한테 와. 내가 재워줄 테니까."

쥐는 매일같이 나무의 품에 안겨 잠을 잤다. 잠들 때마다 '나무에게 어울리는 이름이 무엇일까' 하고 곰곰 생각했으나 마땅히 좋은 이름이 떠오르지 않았다.

"왜 이름을 안 지어주는 거지?"

나무가 재촉할 때마다 쥐는 나무에게 꼭 알맞은 이름이 있을 것이라고 생각했다. 그러나 생각날 듯 생각날 듯하면서도 나무에게 알맞은 이름이 잘 생각나지 않았다.

"빨리 안 지어주면, 널 안 재워줄 거야."

나무는 기다리다 못해 가끔 그런 말을 했지만 속마음은 그렇지 않았다. 이제 나무는 쥐를 품에 안지 않으면 잠이 오지 않았다. 이름 따위는 이제 그리 큰 문제가 되지 않았다. 그저 쥐가 찾아와 새근새근 잠이 들면 그것만으로도 마음이 아주 편안했다.

쥐도 나무의 품에 안기지 않으면 잠이 오지 않았다. 나무의 품에 안겨 밤하늘의 별을 바라볼 때가 가장 행복했다.

그러던 어느 날, 밤새도록 비가 부슬부슬 내리던 날 밤이었다. 쥐가 나무의 품에 안겨 깊은 잠에 빠져 있을 때, 배고픈 고양이 한 마리가 쥐를 향해 살금살금 발걸음을 죽이며 다가갔다.

나무는 온몸을 흔들어 쥐를 깨웠다.

"위험해! 일어나! 고양이야!"

쥐는 번쩍 눈을 떴다. 잽싸게 몸을 날려 나무 꼭대기로 올라갔다. 그러나 더 이상 도망갈 데가 없었다.

순간, 고양이가 나무 위로 재빨리 뛰어올라 쥐의 목덜미를 물어버렸다.

"아아!"

나무는 쥐의 비명소리를 들으며 부르르 몸을 떨었다. 나무의 몸에 쥐의 피가 뚝뚝 떨어졌다. 부슬부슬 내리던 빗물에 쥐의 피가 벌겋게 씻겨 내려갔다.

나무는 쥐의 시체를 안고 밤새 울었다.

쥐는 썩어 나무의 거름이 되었다.

이듬해 봄. 나무의 몸에 새움이 돋고 꽃이 피고 열매가 맺혔다. 처음에는 열매가 진초록 빛을 띠더니 차차 흑갈색 빛을 띠다가 나중에는 새까만 빛을 띠었다. 그 모양이 마치 쥐똥 같았다.

한 아이가 엄마하고 나무 앞을 지나가다가 나무의 열매를 보고 소리쳤다.

"엄마, 이거 좀 봐, 꼭 쥐똥 같애!"

"그래, 그렇구나. 어쩜 그렇게 쥐똥하고 똑같이 생겼니. 이 나무 이름이 쥐똥나무인가 보다."

그때부터 나무는 쥐똥나무라고 불려지게 되었다. 그렇게 소원하던 이름을 갖게 된 것이다. 다들 우스운 이름이라고 놀려댔지만 쥐의 따스한 마음이 느껴지는 그 이름이 나무는 너무나 좋았다.

에밀레종

오후의 햇살은 반월성과 계림숲 부근에서 눈부시게 빛나고 있었다. 황룡사 빈터에서 불어오는 바람소리에 밤새도록 잠을 자지 못한 나는 먼동이 틀 때 깜빡 잠이 들었다가 이제야 겨우 잠에서 깨어났다.

나는 기지개를 켜다 말고 종각 밖으로 고개를 빼들고 박물관 주변을 이리저리 둘러보았다. 오후의 맑은 가을 햇살은 반월성을 둘러싼 소나무 가지 위에서 더욱 눈부셨다. 머리가 없는 불상들은 화단 뒤로 길게 그림자를 늘어뜨리고 앉아 있었고, 아이들 몇 명은 불상의 머리가 있던 자리에다 자기들의 머리를 얹어놓고 사진을 찍다가 관리인 아저씨한테 야단을 맞고 있었다.

나는 그런 아이들을 보고 빙긋이 웃다가 고요히 마음을 가다듬고 그 아이들이 나를 찾아오기를 기다렸다. 그러나 아무리 기다려도 아이들은 제1전시관이나 제2전시관 쪽으로 발길을 돌릴 뿐 나를 찾지 않았다. 아이들뿐만 아니라 다른 관람객들도 나를 찾는 이가 없었다.

참 이상하네, 도대체 무슨 일일까.

휴관일인 월요일을 제외하고는 연일 관람객들에게 시달려온 나로서는 도대체 이게 무슨 일인가 싶었다.

나는 다시 종각 밖으로 길게 고개를 빼어들었다. 정문 쪽 매표소 부근엔 평소와 다름없이 사람들이 입장권을 사서 줄줄이 박물관 안으로 들어오고 있었다. 불국사 쪽에서 달려온 여러 대의 관광버스가 관람객들을 한꺼번에 내려놓은 것까지도 어제와 조금도 다를 바 없었다.

그러나 좀더 자세히 살펴보자 어제와는 뭔가 다른 점이 있었다. 경주 박물관을 찾은 관람객들은 일단 정문을 지나 앞마당으로 들어서면 마당 한켠에 웅자하게 자리를 잡고 있는 나를 향해 먼저 걸어오게 마련인데 웬일인지 오늘은 그렇지 않았다. 더러 발길을 멈추고 반가운 얼굴로 나를 쳐다보는 이들은 있었으나 그것은 잠시뿐 다들 유물 전시실 쪽으로 발길을 돌려버렸다.

나는 관람객들이 왜 그러는지 그 이유를 알 수가 없어 좀더 눈을 크게 뜨고 목을 길게 뽑아 박물관 앞마당을 살펴보았다.

아, 이게 무슨 일일까.

앞마당에는 내가 있는 종각 쪽으로 꺾어 들어올 수 있는 중간 지점에 '출입 금지'라는 글씨가 씌어진 표지판 몇 개가 세워져 있었다. 그러니까 그 표지판 때문에 사람들이 나를 향해 걸어오다가 다른 곳으로 발길을 돌려버리는 거였다.

오히려 잘된 일이야. 오랜만에 편히 쉴 수 있어서 좋아. 아마 관람객들에게 시달리는 나를 생각해서 관장님이 취한 조치일 거야.

나는 정확히 무슨 일 때문인지 잘 몰랐지만 우선 나 편한 대로 생각했다.

사실 허구한 날 나는 사람들이 너무 많이 찾아와 몸살이 날 지경이었다. 멀리 황룡사나 분황사 쪽으로 흐르는 흰구름을 쳐다보며 고요히 명상에라도 잠기고 싶어도 몰려드는 관람객들 때문에 잠시라도 틈을 낼 수가 없었다. 관람객들은 비천상이 양각되어 있는 나를 배경으로 사진 찍기를 좋아해 연달아 카메라 플래시가 터뜨려질 때마다 나는 바짝 신경이 곤두섰다.

그러나 관람객들이 많이 찾아온다고 해서 그게 그리 참을 수 없을 정도로 싫은 것은 아니었다. 관람객들이 나를 많이 찾아온다는 것은 그만큼 나의 존재 가치가 크고 높다는 것을 의미하는 것이었으므로 속으로 은근히 좋아하는 마음도 있었다. 특히 여름방학이나 겨울방학 때 초등학생들이 몰려오면 아이들의 맑은 눈빛에 나 또한 마음이 맑아지는 느낌이었다.

사실 말이 나왔으니까 말이지 그동안 나를 찾아오는 아이들의 맑은 눈빛이 없었다면 나는 슬픔을 견디기 어려웠을 것이다. 나는 그동안 종소리를 내지 않는 종이었다. 명색이 종이면서도, 그것도 수천 년 동안 성덕대왕신종이라는 소리를 들으면서도 종소리를 내지 못하는 종이었다. 그것은 박물관 직원들이 내 몸체에 균열 현상이 일어나고 있는 것 같다고 하면서 어느 날부터 일절 타종을 하지 않는 탓이었다.

종소리를 낼 수 없게 되자 나는 슬펐다. 나 자신이 무슨 고철 덩어리처럼 느껴졌다. 아무짝에도 쓸데없는, 썩어가는 지푸라기와 같은 존재처럼 느껴져서 마음이 쓸쓸했다. 종소리를 낼 수 없는 종은 이미 종이 아니라는 생각에 밤잠을 이루지 못했다. 죽을 때 죽더라도 소리가 날 때까지 오직 종으로서의 역할을 다하고 싶었다.

하루는 내 몸이 가루가 된다 하더라도 종소리를 계속 내고 싶다고 박물관장에게 하소연도 해보았다. 그러나 박물관장은 그게 그리 간단한 문제가 아니라고 하면서 좀 기다려보라고만 할 뿐이었다.

날이 갈수록 나는 말을 잃었다. 아침저녁으로 종소리를 내어 세상살이에 지친 사람들의 마음을 위로해 주던 시절이 그리워 점차 생기를 잃어갔다. 박물관 측에서는 궁여지책 끝에 관람객들에게 내 종소리가 담긴 테이프를 만들어 틀어주거나 판매하는 것으로 대신하였으나 나는 그 녹음된 종소리가 듣기 싫었다.

그것은 나의 진짜 종소리가 아니라 가짜 종소리였다. 그 가짜 종소리를 들으려고 테이프를 사가는 사람들을 보면 공연히 내가 잘못하는 것 같아 마음이 아팠다. 그렇지만 나로서는 어찌할 수가 없었다. 비록 속 빈 강정이라 할지라도 위풍당당하게 종각에 매달려 여전히 신종으로서의 위엄을 지키는 일과, 나를 찾아오는 어린아이들의 맑은 눈빛을 대하는 일만으로 크게 위안을 삼을 수밖에 없었다.

그런데 오늘은 박물관 측에서 아무런 사전 통보도 없이 출입 금지 팻말까지 세우고 관람객들의 발길마저 뚝 끊어지게 하다니!

나는 박물관 측의 그런 처사가 몹시 못마땅했다. 그러나 그것은 시작에 불과한 일이었다. 계림숲을 물들이던 햇살이 뉘엿뉘엿 첨성대 쪽으로 넘어가고 관람객들마저 다 돌아가자 한 떼의 젊은 남자들이 우르르 몰려

와 종각 기둥에 푸른 휘장을 치고 나를 외부와 완전히 차단시켜 버리고 말았다. 그리고 그 다음날부터는 여러 가지 알 수 없는 첨단 과학 기구들을 동원해 나를 조사하기 시작했다. 심지어는 나를 만들 때 어린 소녀를 던져넣어 만들었다는 전설이 정말인지 아닌지 알아본다고 하면서 내 몸의 일부를 떼어내는 일조차 서슴지 않았다.

나는 그렇게 몇 달 동안 꼼짝없이 당하고 있을 수밖에 없었다. 그리고 그 이듬해 봄, 나를 연구한 연구 결과가 발표되었다. 그것은 내 몸에 바늘구멍만한 구멍이 열댓 개나 나 있는 것으로 판명되었기 때문에 더 이상 타종을 계속해서는 안 된다고 최종 결정을 내리게 되었다는 것이었다.

그뿐만이 아니었다. 나를 박물관 실내로 옮길 것인가, 아니면 현 상태 그대로 옥외 종각에 둘 것인가 고심한 끝에 현재대로 옥외에 두기는 두되, 특수 보호 유리막을 설치한다는 발표도 있었다.

"종각의 네 면에 설치되는 두께 10밀리미터의 유리막은 가로 약 10미터, 세로 약 3~4미터 크기로, 관람에 지장이 없도록 반사가 되지 않는 특수 유리가 사용될 것입니다. 또 종각 아래쪽 부분은 유리막을 만들지 않고 자연 통풍이 이루어질 수 있도록 할 것입니다. 처음에는 옥외 노출로 종의 원형이 훼손된다는 지적이 그치지 않아 박물관 사회교육원 실내로 옮길 계획이었습니다만, 아무래도 실내로 종을 옮기면 자연 경관과 조화를 이루지 못할 것 같아 이 같은 결정을 내린 것입니다."

나는 박물관장의 그 말을 듣고 조용히 눈물을 흘렸다. 사람들은 나를 보호함으로써 영구히 살 수 있도록 하는 것이라고 하나 나로서는 그렇지 않았다. 드디어 내게 죽음이 찾아온 것이었다. 나는 가슴이 답답해 미칠 것 같았다. 나를 이 세상에 태어나게 한 절대자가 원망스러웠다. 나는 답답한 가슴을 억누르고 몇 날 며칠 밤을 꼬박 새우면서 도대체 내 죽음의 원인이 어디에 있는지, 무엇 때문에 내가 죽게 되었는지 곰곰 생각했다.

그것은 바로 종메 때문이었다. 아무리 생각해도 다른 데서 원인을 찾을 수가 없었다. 물론 비바람이라든가 세월의 흐름이라든가 하는 데에도 그 원인을 둘 수 있었으나 결정적인 원인은 종메가 아닐 수 없었다.

종메는 종을 칠 때 사용하는 나무 봉으로, 나는 지금까지 종소리를 낼 때마다 종메한테 무수히 얻어맞은 셈이었다. 그렇게 종메한테 얻어맞을 때마다 알게 모르게 조금씩 조금씩 내 몸에 상처가 나기 시작한 것이었다.

"종메야, 네가 결국 나를 이렇게 만들었구나."

나는 어둠 속에서 원망하는 마음으로 종메한테 말했다.

종메는 천장에 매달린 채 물끄러미 나를 바라보기만 할 뿐 말이 없었다.

"미안하면 미안하다는 말이라도 좀 해봐. 넌 어쩌면 그렇게 뻔뻔스럽기까지 하니?"

나는 화가 나서 종메한테 마구 언성을 높였다. 그러자 종메가 낮은 목소리로 조용히 입을 열었다.

"에밀레, 넌 아직도 우리의 관계를 잘 모르는구나. 넌 내가 없으면 종소리를 낼 수가 없어. 내가 없으면 사람들이 너의 종소리를 들을 수가 없단 말이야. 네가 있음으로 해서 내가 있고, 내가 있음으로 해서 네가 있는 거야. 너 자신만 소중한 게 아니야."

나는 종메의 뜻밖의 이야기에 잠시 멍한 기분이 들었다. 종메의 말은 일찍이 내가 생각해 보지 못한 말이었다.

종메의 이야기는 계속되었다.

"그리고, 넌 왜 너의 아픔만 생각하니? 왜 나의 아픔은 생각하지 않니? 내가 너에게 힘껏 부딪칠 때, 내 몸은 아프지 않은 줄 아니? 내가 한 번씩 너에게 부딪칠 때마다 나는 온몸이 부서지는 아픔을 느껴. 네가 아름다운 종소리를 낼 때 나는 고통에 몸부림친단 말이야. 너의 아름다운 종소리는 나의 고통에서 비롯된다는 것을 너는 알아야 해. 자, 내 몸을 좀 봐. 상처투성이잖아."

종메는 내게 자신의 가슴을 활짝 열어보였다. 종메의 가슴은 상처투성이였다. 어디 한 군데 멍자국이 없는 데가 없었다.

"그렇지만 난 지금까지 널 원망해 본 적이 없어. 늘 너를 나 자신이라고 생각하면서 살아왔어."

나는 종메에게 미안한 마음이 들어 종메의 손을 가만히 잡았다. 계속되는 종메의 이야기엔 이제 물기마저 배어 있었다.

"이제는 사람들조차 다들 종이 되려고 하지, 종메가 되려고 하지 않아. 그런데 말이야, 다들 종이 되려고만 한다면 이 세상이 어떻게 되겠니? 나 같은 종메가 있어야 이 세상에 종소리가 울려퍼지지 않겠니? 종인 너도 소중하지만 종메인 나도 소중한 거야."

나는 종메의 말에 얼굴을 들 수가 없었다. 나 자신만을 생각하며 살아온 지난날들이 부끄러웠다.

"미안하다, 종메야. 네 말이 맞아. 우린 서로 한 몸이야. 하나이면서 둘이고 둘이면서 하나야. 내가 죽으면 너도 죽고, 내가 살면 너도 사는 거야. 정말 내가 잘못했어. 용서해 줘. 난 정말 나만을 생각했구나."

나는 종매를 힘껏 껴안았다. 종매의 눈에서도 나의 눈에서도 조용히 눈물이 흘렀다. 멀리 밤하늘 별들이 우리를 보고 있었다.

완벽하면 무너진다

제주도에 처음 사람들이 살기 시작하면서 밭농사를 지을 때였다. 밭농사를 짓기 위해서는 우선 황폐한 들녘을 밭으로 일구는 일이 급선무였다. 들녘엔 온통 울퉁불퉁한 화산석투성이였다. 농사짓기에 딱 알맞겠다 싶은 곳도 조금만 파 들어가면 온통 돌덩이투성이였다.

사람들은 자연히 그 돌로 밭둑을 쌓기 시작했다. 밭둑에 돌담을 쌓아 밭과 밭 사이의 경계로 삼았다.

매사에 아주 꼼꼼한 일 처리를 하기로 소문난 김씨도 밭에서 나오는 돌로 담을 쌓았다. 완벽한 성격 그대로 아주 빈틈없이 바람 한 점 새지 않도록 견고하게 담을 쌓았다.

"이 정도면 아마 무너지지 않고 100년은 갈 거야."

김씨는 튼튼하게 잘 쌓은 돌담을 툭툭 두드려보며 아주 흡족한 미소를 지었다. 그러나 돌담은 100년은커녕 단 하루도 못 돼 무너져버리고 말았다. 그리 심하지도 않은 간밤의 바람에 그만 무너져버리고 만 것이다.

김씨는 아주 야트막하게 담을 다시 쌓아보았다. 그래도 담은 여지없이 무너졌다.

김씨는 조금도 실망하지 않고 담배를 몇 대 피워가면서 마음에 여유를 가지고 다시 담을 쌓았다. 이번에는 돌을 일정하게 다듬지 않고 있는 그대로 구멍이 숭숭 나도록 만들어 쌓았다.

그러자 바람이 구멍 사이로 빠져나가면서 담을 무너뜨리지 않았다. 담은 겉으로 보기엔 누가 재채기라도 하면 곧 무너져버릴 것 같았으나 아무리 세찬 바람이 불어도 무너지지 않았다. 먼바다에서 불어오는 바람이 구멍 사이로 자유롭게 드나들기만 할 뿐이었다.

"너무 완벽하면 무너지는군. 좀 허술한 구석이 있어야 해."

김씨는 밭두렁에 앉아 담배에 불을 붙이면서 중얼거렸다.

유채꽃이 그 말을 듣고 바람에 흔들거렸다. 유채꽃은 바람에 온몸을 내맡겨야 꺾이지 않는다는 것을 이미 잘 알고 있었다.

5장

겨울의 의미

심장이 둘 달린 사내

심장이 두 개나 되는 K와 J가 서울에 살고 있었다. 그들은 남들과 달리 심장이 두 개나 된다는 사실을 드러내놓고 자랑하지는 않았으나 속으로는 은근히 기뻐했다.

하루는 K가 J에게 말했다.

"우리가 다른 사람들과 달리 심장이 둘이나 달린 것은 어떤 특별한 이유가 있을 거야. 아마 좋은 일에 쓰라고 신께서 두 개나 주신 걸 거야. 우리, 심장병으로 고통받는 사람들을 찾아가 나머지 심장 하나를 떼어주면 어떨까?"

K의 말에 J가 펄쩍 뛰는 시늉을 했다.

"뭐라고? 무슨 그런 소릴? 농담을 해도 그런 소린 하지 마. 하나를 줘 버리면 다른 사람하고 똑같잖아. 난 그럴 수 없어. 난 오래오래 살고 싶어. 앞으로 그따위 소릴 계속 지껄이려면 아예 날 만날 생각도 하지 마."

J는 K를 더 이상 만나지 않았다. 만날 때마다 K가 자꾸 그따위 쓸데없는 말을 했기 때문이다.

더 이상 J를 만날 수 없게 된 K는 어느 날 신문을 보다가 심장병을 앓는 한 첼리스트에게 자신의 심장 하나를 떼어주었다.

첼리스트는 K의 심장을 이식받고 훌륭한 첼리스트가 되는 것만이 K에게 보답하는 길이라고 생각하고 열심히 노력해서 세계적인 첼리스트가 되었다.

한편 J는 K와는 달랐다. J는 심장이 두 개라는 사실만 믿고 방탕한 생활을 하면서 자신의 건강을 돌보지 않았다.

"난 심장이 멈추어도 죽지 않아. 또 하나의 심장이 있잖아."

그는 자신의 심장이 두 개라는 사실을 너무 과신한 나머지 어느 날 길을 가다가 심장마비로 쓰러져 그 길로 영영 이 세상과 작별을 고하고 말았다.

그는 비록 심장은 둘이지만, 하나의 심장이 병들어 제 기능을 잃으면 나머지 다른 하나의 심장도 동시에 그 기능을 잃게 된다는 사실을 몰랐던 것이다.

반가사유상의 미소

신라 때 금을 잘 다루기로 소문난 한 금장이가 석불사에 안치할 부처님인 '금동미륵반가사유상'을 만들도록 하라는 왕명을 받았다. 여인들의 귀고리나 팔찌 따위를 만들던 금장이로서 불상을 만들게 된 것은 더없는 영광이었다.

금장이는 연화대 위에 걸쳐 앉아 오른쪽 다리를 왼쪽 다리 위에 포개 얹고 가볍게 숙인 얼굴을 오른손으로 괸 채 법과 진리의 세계를 명상하는 반가사유상의 기본 형태는 그리 어렵지 않게 만들 수 있었다. 그러나 부처님의 그 오묘한 깨달음의 미소를 어떻게 구현하느냐 하는 것이 문제였다.

그는 몸과 마음을 정갈히 하고 온 정성을 다해 부처님의 미소를 만들었다. 그러나 아무리 생각해도 그것은 그가 생각하는 진리의 미소가 아니었다.

그는 부처님을 만들었다가 부수고 부수었다가 다시 만드는 일을 수년 동안 되풀이했다. 그러나 아무리 되풀이해서 만들어도 만들고 나면 꼭 평범한 인간의 미소로밖에 느껴지지 않았다. 이제 그는 어떻게 해야 할지 알 수 없었다.

자연히 몸과 마음은 야위어갔다. 처음부터 할 수 없는 일을 맡았다 싶어 밥은커녕 잠도 제대로 자지 못했다. 아예 포기해 버리는 게 더 낫겠다는 생각이 하루에도 수없이 들었으나 왕명을 거역한다는 것은 곧 죽음을 의미했다.

그는 곰곰 생각하다 못해 부처님의 미소를 찾으러 집을 떠났다. 한없이 세상을 돌아다니다 보면 이 세상 어딘가에 부처님의 미소가 있을 것 같았다.

그는 부처님의 미소를 만나지 못하면 결코 집으로 돌아가지 않으리라는 굳은 결심을 하고 온 세상을 돌아다녔다. 그러나 아무리 돌아다녀도 부처님의 미소를 찾을 수 없었다. 햇살이 반짝이는 나뭇잎 사이에도, 아지랑이가 피어오르는 들판 어디에도, 부처님의 미소는 보이지 않았다.

젊고 건강하던 그의 육신은 어느새 지치고 늙어버렸다. 그는 이제 병든 육신을 이끌고 어디에도 더 이상 돌아다닐 수가 없었다. 반가사유상을 만들지 못하고 이대로 죽고 마는 것도 어쩌면 부처님의 뜻일 수도 있다는 생각이 들었다.

그러던 어느 봄날이었다. 그는 어느 마을 앞을 느릿느릿 지친 걸음으로 지나가고 있었다. 여기저기 들판엔 개쑥이 돋고, 멀리 산언덕엔 바람

꽃이 일고 있었다.

  그는 그날따라 유난히 목이 말랐다. 시원하게 찬물 한 그릇을 들이켜고 싶다는 생각이 간절했다. 그는 눈에 띄는 대로 어느 집 사립문을 밀고 마당으로 들어섰다. 우물가에서는 한 소녀가 물을 길어 쌀을 씻고 있었고, 봄볕이 따스하게 내리쬐는 널마루에서는 한 노인이 이를 잡고 있었다.

  "아가야, 나 물 한 모금 다오."

  그는 소녀에게 물을 청했다.

  소녀는 정성스럽게 바가지에 새로 돋은 나뭇잎을 한 잎 띄워 물을 떠 왔다. 물맛은 꿀맛이었다.

  "이제야 좀 살 것 같군. 아가야, 고맙구나."

  그는 얼른 물을 한 모금 들이켜고는 소녀에게 고마움을 표시했다. 그러자 널마루 양지쪽에 앉아 이를 잡고 있던 노인이 그를 불렀다.

  "이보시오, 이리 와서 이놈들 노는 것 좀 보시오."

  그는 물바가지를 든 채 느릿느릿 노인 곁으로 다가갔다. 노인은 잡은 이들을 널마루에 풀어놓고 그들과 장난을 치고 있었다.

  "허허, 이를 잡아죽이고 있었던 게 아니었구려."

  그는 이를 데리고 노는 노인의 천진한 모습을 보자 자신도 모르게 얼굴에 미소가 일었다. 순간, 그는 깜짝 놀라지 않을 수 없었다. 다시 물을 먹으려고 바가지를 쳐다보는 순간, 물위에 잔잔히 어린 미소, 그것은 그가 평생 찾아 헤매던 부처님의 미소 바로 그것이었다.

사과 세 개의 축복

눈이 내린 날 저녁이었다. 발목까지 푹 빠질 정도로 내린 함박눈에 어둠조차 환하게 느껴지던 그런 날이었다. 그녀는 퇴근길에 집에서 기다릴 아이들을 생각하며 평소 단골로 다니던 과일가게로 들어갔다. 크리스마스가 지나고 새해가 되었으나 아이들에게 뭐 하나 제대로 사준 게 없다는 생각이 들어서였다.

"어서 오세요."

늙수그레한 주인 남자가 그녀를 반갑게 맞아주었다. 그녀는 이것저것 생각할 것도 없이 크고 맛있어 보이는 사과를 열 몇 개 골랐다. 그러자 주인이 말했다.

"아예 한 상자 들여놓으시지요. 상자로 먹으면 훨씬 싸게 먹힙니다.

그녀는 망설였다. 무작정 사과 한 상자를 들여놓았다가 가난한 가계에 혹시 금이 가지나 않을까 걱정이 되었다.

그런데 그때 20대 청년 한 사람이 가게문을 열고 들어왔다. 다시 눈이 내리기 시작했는지 청년의 머리엔 눈송이가 몇 개 앉아 있었다.

"아저씨, 아까 여기서 사과 세 개를 사 가지고 갔는데, 가다가 미끄러져서 그만 사과가 으깨져버렸어요. 죄송하지만 좀 바꿔주셨으면 해서요. 실은 오늘이 어머니 제삿날이라 제상에 놓으려고 사과를 샀는데 이렇게 되고 말았거든요. 다시 사과를 사면 좋겠지만 제 처지가 그럴 형편이 못돼서, 아저씨, 어떻게 좀 안 될까요?"

청년은 몹시 겸연쩍어하면서 주인이 꼭 좀 그렇게 해주었으면 하는 간절한 눈빛이었다. 그러나 평소에 마음이 퍽 좋아 보이던 주인 남자가 의외로 청년의 부탁을 들어주지 않았다.

"내가 뭐, 집 팔아서 장사하는 줄 알아요? 그런 사과를 남한테 어떻게 팔란 말이오?"

"저도 잘 압니다. 제상에 놓을 게 아니고 그냥 제가 먹을 거라면 굳이 이런 부탁을 드리지 않을 겁니다. 좀 힘드시더라도 다시 한 번 생각해 주세요."

"허허, 이 사람, 내가 남 좋은 일 시키려고 이 나이에 이 고생하는 줄 아나?"

청년은 낭패한 얼굴로 서 있었다. 으깨어진 사과를 든 손이 가늘게 떨렸다.

그때 그녀가 선뜻 입을 열었다.

"아저씨, 내가 사과 한 상자 살게요. 그 상자에서 가장 좋은 걸로 세 개를 골라 저 총각한테 주세요. 우린 아이들과 먹을 거니까 상처난 부분이 있어도 괜찮아요."

그녀는 처음 마음먹은 것과는 달리 가장 맛나고 때깔 좋은 부사 사과 한 상자를 샀다. 주인 남자가 그녀의 말대로 가장 잘생긴 사과 세 개를 꺼내 청년에게 주고, 청년이 갖고 있던 으깨어진 사과를 상자 속에 넣었다.

그러자 청년이 깊숙이 고개를 숙이며 감격한 어조로 말했다.

"아주머니, 정말 고맙습니다. 이 은혜 잊지 않겠습니다. 새해 복 많이 받으세요."

"은혜는 무슨, 학생도 복 많이 받아요."

"네, 고맙습니다."

청년은 다시 한 번 허리 굽혀 인사를 하고 가게문을 나섰다.

그녀는 어두운 골목 끝으로 급히 사라지는 청년의 뒷모습을 한참 동안 지켜보았다. 지금까지 그처럼 진실된 축복의 말을 들어본 적이 없다는 생각이 들어서였다. 자기가 그 청년에게 해준 것을 돈으로 따지면 몇 천 원도 되지 않지만, 그 청년은 자기에게 돈으로 따질 수 없는 중요한 것을 주었다는 생각에 가슴이 저려왔다.

유씨 부인의 사랑

 천성이 어질고 생각이 깊은 유씨 부인이 집에 찾아온 손님을 대접하기 위해 쇠고기 한 근을 사오라고 계집종 꽃분이를 저잣거리로 내보냈다.
 그런데 꽃분이가 사온 고기가 아무래도 이상했다. 빛깔이 지나치게 검고 썩은 내가 났다. 유씨 부인은 그 고깃덩어리를 찬찬히 살펴보았다. 그것은 분명 상한 고기였다.
 부인은 다시 꽃분이를 불렀다.
 "꽃분아, 네가 지금 다녀온 푸줏간에 고기가 얼마나 남아 있더냐?"
 "상당히 많이 남아 있었습니다."
 부인은 곧 안방으로 들어가 급한 일이 있을 때 쓰려고 소중히 간직해 두었던 돈을 모조리 꺼내왔다. 그리고 그 돈을 모두 꽃분이에게 주었다.
 "꽃분아, 이 돈을 가지고 가서 그 고기를 몽땅 다 사오너라. 너 혼자서는 무거워서 못 가져올 테니 행랑아범을 데리고 가거라."

"아니, 마님, 그 많은 고기를 다 어디다 쓰시려고요?"

"그건 네가 걱정할 바가 아니다. 빨리 다녀오기나 하거라."

얼마 후, 꽃분이와 행랑아범이 거의 한 짐이나 되는 쇠고기를 지게에 지고 돌아왔다.

"수고했다. 사람 발길이 잘 닿지 않는 뒤뜰 한구석에 구덩이를 깊게 파고 고기를 전부 그곳에다 묻어라."

꽃분이와 행랑아범은 무슨 영문인지를 몰라 서로 얼굴을 마주 쳐다보았다. 꽃분이는 무슨 까닭으로 그런 분부를 내리시는지 궁금해서 견딜 수가 없었다.

"마님, 왜 아까운 고기를 모두 파묻으라고 하십니까?"

"그건 상했기 때문이다."

"그럼 그런 줄 아시면서도 왜 많은 돈을 들여 상한 고기를 사오라고 하셨습니까?"

"꽃분아, 만일 다른 사람들이 그 고기를 모르고 사먹는다면 어떻게 되겠느냐. 그리고 천상 그 고기를 버리지 않으면 안 되는 푸줏간 주인은 또 어떻게 되겠느냐. 살림이 넉넉하지 못할 게 뻔한 푸줏간 주인이 그 많은 고기를 버리게 되면 손해가 이만저만 큰 게 아니지 않겠느냐. 그리고 마음 또한 얼마나 상심이 되겠느냐. 그래서 내가 모두 사서 땅에 묻으려 한 것이다."

어떤 탄원서

 존경하는 검사님! 저는 지난달 20일 세상을 떠난 허동수의 어미 되는 사람입니다. 이런 글을 드려야 할지 어떻게 해야 할지 몰라 몇 번이나 망설이다가 이 글을 드립니다. 저는 정환이를 용서하고 싶습니다. 검사님께서 정환이를 용서해 주시면 동수 대신 정환이를 아들로 맞아들이고 싶습니다.

 비록 하나밖에 없는 제 아들을 숨지게 한 정환이의 죄는 밉지만, 그렇다고 그 어린 것을 교도소로 보낼 수는 없습니다. 정환이를 용서해 주십시오. 친자식을 잃은 제가 아들 친구마저 어두운 골방에서 괴로운 나날을 보내게 할 수는 없습니다. 친자식을 잃은 대신 정환이를 양아들로 맞게 해주십시오.

 처음에는 그런 생각을 하는 제 자신이 정말 제정신인지, 그게 정말 진정에서 우러나온 것인지 정작 제 자신도 잘 알 수 없어 그런 생각을 떨쳐

버리려고 무진 애를 썼습니다. 어쩌면 제 자신을 속이는 일인 것 같아 그런 생각이 들 때마다 강하게 고개를 흔들어 보이기도 했습니다.

그런데 참으로 이상한 일이었습니다. 한번 그런 생각을 하자 그 생각이 좀처럼 지워지지 않았습니다. 정환이를 미워하던 마음이 없어지고 정환이를 가엾게 여기는 마음만이 일었습니다.

정환이는 엄마 없는 아이입니다. 엄마도 없는 아이가 친구를 죽인 입장이 되어 지금 재판을 받고 있으니 그 마음이 오죽하겠습니까. 정환이도 아마 죽고 싶은 심정일 것입니다.

검사님께서도 잘 아시겠지만, 정환이는 그날 동수를 일부러 숨지게 한 것이 아닙니다. 그 결과는 엄청난 것이었지만, 그 원인은 단순한 사고에 불과한 것이었습니다. 그날 동수와 정환이는 교회 앞마당에서 장난기가 발동돼 서로 장난을 치다가, 싸움이 된 것뿐입니다. 정환인들 장난 끝에 동수가 콘크리트 바닥에 넘어져 숨질 줄이야 생각이나 했겠습니까.

둘은 아주 친한 친구 사이였습니다. 중학교를 같이 다닌 둘은 또 고등학교도 같은 학교를 다니게 돼 아주 형제 같았습니다. 둘은 늘 같이 붙어다녔는데, 주로 정환이가 우리 집에 자주 오는 편이었습니다. 정환이는 인사성도 밝고 동수보다 더 의젓했습니다. 지금도 교회에 다녀오겠다고 꾸벅 인사하고 나가던 두 녀석의 모습이 눈에 선합니다. 둘이 장난을 치다가 한 사람이 죽을 줄이야 그때 그 누가 알았겠습니까.

저는 동수가 죽었다는 이야기를 처음 들었을 때 정환이를 원망하는 마음이 가득했습니다. 그런데 지금은 그렇지 않습니다. 며칠 전에 아들 앨범을 뒤지다가 동수와 정환이가 다정한 모습으로 찍은 사진을 보게 되었는데, 둘이 어찌나 다정해 보이던지 저는 정환이만이라도 살려야겠다는 생각이 들었습니다.

동수는 이제 제 곁으로 돌아올 수가 없습니다. 시신을 대전 화장터로 보낼 때만 해도 금방이라도 동수가 눈을 뜨고 "엄마!" 하고 제 품안으로 파고들 것 같았습니다만, 이제 그렇지는 않습니다. 하루하루 시간이 지나면서 동수가 이제 제 곁에 있지 않다는 것이 더욱 확실하게 느껴질 뿐입니다.

검사님! 동수의 죽음은 그 누구의 잘못도 아닙니다. 잘못이 있다면 어미인 저의 잘못만 있을 뿐입니다. 모든 걸 제 잘못으로 알겠습니다. 그러하오니 정환이를 저의 품으로 돌려주십시오. 정환이를 그대로 감옥에서 썩게 할 수는 없습니다. 아들을 먼저 보낸 이 어미의 마음을 헤아려주십시오. 검사님께서 정환이를 용서해 주시면 정환이를 아들 삼아 세 딸과 함께 열심히 살겠습니다.

지금 정환이를 받아들이고 용서해 주지 않으면 정환이는 평생 고통스러운 일생을 살게 될 게 뻔한 일입니다. 초등학교, 중학교, 고등학교에 다니는 제 딸들도 다들 제 뜻에 따른다고 했습니다.

저는 이 탄원서를 검사님께 보내고 나서 아이들을 데리고 8년 전에 위암으로 세상을 떠난 남편의 묘에 다녀올까 합니다. 남편이 세상을 떠났을 때 따라 죽고 싶었던 마음을 아들이 다잡아주었는데, 이제 아들이 죽어 흔들리는 마음을 남편을 통해 다잡고 싶습니다.

검사님! 부디 아들 잃은 이 어미의 부탁을 들어주십시오.

사랑과 우정

경미는 당장 남편의 수술비가 필요했다. 그러나 가진 돈이라곤 한푼도 없었다. 그나마 조금 있는 돈마저 아들 대학 입학금으로 낸 지가 바로 엇그제였다. 경미는 마땅히 돈을 빌릴 데가 없었다. 아무리 생각해 봐도 가장 친한 친구인 은숙의 얼굴밖에 떠오르지 않았다. 독신인데다 약국을 경영하는 은숙에겐 다소 여유 돈이 있을 것 같았다.

경미는 은숙에게 전화를 걸었다. 친한 사이일수록 돈을 빌리는 일을 삼가야 한다는 점을 생각할 겨를이 없었다.

"은숙아, 영우 아빠가 쓰러졌어. 심장에 이상이 있대. 당장 수술을 해야 하는데……."

정작 돈 이야기를 꺼내지 못하고 경미가 머뭇거리자 은숙이 입을 열었다.

"알았어. 어느 병원이야? 나 지금 곧 갈게."

은숙은 급히 수술비를 마련해 가지고 병원으로 달려갔다. 경미는 그런 은숙이 고마웠다.

　그러나 경미의 정성과는 아랑곳없이 경미의 남편은 수술 후 경과가 좋지 않더니 끝내 세상을 떠나고 말았다.

　장례를 다 치른 뒤 경미가 은숙을 찾아갔다.

　"은숙아, 고맙다. 네가 돈까지 빌려줬는데, 그만 그런 보람도 없이 그인 가고 말았어. 빌린 돈은 내가 꼭 갚을게."

　"갚지 않아도 돼. 난 네가 돈을 빌려달라고 한 것만 해도 고마워. 경미야, 실은 나도 영우 아빠를 사랑했어. 이제 영우 아빠가 세상을 떠났으니 우리 사이에 굳이 숨길 일도 아닌 것 같아. 네가 여고생 때부터 영우 아빠를 사랑하는 걸 보고 난 그만 단념하고 말았어."

　경미는 놀라 잠시 동안 입을 다물지 못했다.

　"왜 지금까지 아무 말도 하지 않았어?"

　"말했다간 너랑 싸움나게?"

　경미는 활짝 웃는 은숙의 손을 덥석 잡았다. 은숙이 왜 지금껏 독신을 고집하고 살아왔는지 그 이유를 알게 되자 그만 자신도 모르게 눈물이 볼을 타고 흘러내렸다.

너를 위하여 나는 무엇이 될까

소록도는 아름다운 섬이다. 그러나 소록도를 그냥 단순히 아름다운 섬이라고 생각한다면 그것은 소록도의 겉만 살펴본 넋두리에 불과하다.

우리나라 고흥반도 최남단에 자리잡고 있는 '작은 사슴의 섬' 소록도는 사실 겉으로만 보아도 아름다운 섬임에는 틀림이 없다. 오솔길을 따라 섬 전체를 한바퀴 휘돌아보면, 소나무 숲 사이로 언뜻언뜻 보이는 푸른 바다는 보는 이의 마음을 한없이 맑고 시원하게 해준다. 하얗게 부서지는 파도와 끊임없이 반짝거리는 햇살 너머로 무슨 산 그림자처럼 안개에 싸여 아련하게 떠오르는 남해의 작은 섬들은 아름답다 못해 하느님이 그린 그림 같다.

그러나 소록도가 아름다운 것은 그런 자연경관의 아름다움 때문이 아니라 소록도에 사는 사람들 때문이다. 소록도 국립병원에서 일하는 젊은 간호사들, 나환자들을 위해 젊음의 순수함과 아름다움을 한껏 꽃피우고 있는 바로 그 간호사들 때문이다. 두 손 모두 손가락이 없는 몽당손인데다 고무줄을 친친 감아 겨우 숟가락을 끼워 밥을 먹는 남자, 손가락은 남아 있으되 갈고리손이 된 중년여인, 이미 코와 눈썹이 문드러진 할머니, 끝내는 눈마저 멀어버린 할아버지들을 부모 형제처럼 돌보고 있는 간호사들이 없다면 소록도는 결코 아름다운 섬이 아니다.

소록도의 간호사들은 '한바람회'를 만들어 스스로 환자들의 머리를 감겨주고, 이발도 해주고, 손톱과 발톱도 깎아준다. 결린 근육도 마사지해 주고, 몸의 군살도 긁어내 주고, 환자들이 사는 지역을 나누어 맡아 빨래와 부엌 살림도 돌본다.

나병이 분명히 치료될 수 있는 병인 줄 몰랐던 시절의 간호사들은 환자와 직접적인 피부 접촉을 피하기 위해 손에는 고무장갑을 끼고, 입에는 마스크를 하고, 머리엔 모자까지 쓰고 신발을 신은 채 환자 방에 들어갔다. 그러나 지금의 간호사들은 그렇지 않다. 그들은 여느 환자와 마찬가지로 아무 거리낌없이 맨손으로 환자들을 돌본다.

소록도 병원에 의사들이 지원해서 오는 경우는 극히 드물다. 그러나 자원하는 간호사들의 이력서는 항상 넘친다. "다른 병원에 가면 봉급도 많고, 소록도에 있었다고 하면 혼인발도 안 선다"는데, 그들이 굳이 자원해서 소록도 병원에서 일하는 이유는 무엇일까.

그것은 분명 그들의 마음이 아름답기 때문일 것이다. 그런 아름다운 간호사들이 있는 한 소록도는 진정 아름다운 섬일 수밖에 없다. 우리가 사는 도시에도 이런 아름다운 섬이 있다면 그 얼마나 행복할까. 소록도 병원 피부과 병동 간호사실 문 앞엔 이런 글이 적힌 종이 한 장이 붙어 있다.

    너를 위하여 나는 무엇이 될까
    너의 등불이 되어
    너의 별이 되어
    달이 되어
    너의 마스코트처럼
    네가 마주보는 거울처럼
    나는 네가 되고 싶다
    우린 서로 지켜보는 사람이 되고 싶다

당신의 마음에 창을 달아드립니다

그는 어디를 가든 사람들이 주로 무슨 말을 가장 많이 하나 하고 주의 깊게 귀를 기울여보았다.

사람들은 먹는 이야기에서부터 돈 버는 이야기에 이르기까지 수없이 많은 말을 하고 있었는데, 그중에서 가장 빈번하게 쓰이는 말이 하나 있었다.

그것은 '죽고 싶다'는 말이었다. 죽고 싶다는 말이 들어가지 않으면 도대체 말이 되지 않았다.

"내가 왜 사는지 모르겠어. 하루하루 사는 게 정말 지겨워 죽겠어. 난 정말 죽고 싶어. 차라리 죽는 게 나아."

이런 말을 하는 사람들의 얼굴은 다들 어둡고 침침했다. 간혹 죽음의 그림자도 어른거렸다.

그는 그런 사람들을 모두 위로해 주고 싶었다. 기쁨의 환한 미소를 안

겨주고 싶었다. 그러나 아무리 고민해도 별다른 생각이 떠오르지 않았다.

그는 고민고민하다가 어느 날 기차를 타고 여행을 떠났다.

기차가 다다른 곳은 어느 바닷가 마을이었다. 그는 바다가 보이는 한 호텔 방에 들어서자마자 창을 가리고 있던 커튼을 열어젖혔다. 바다가 한눈에 다 들어왔다. 답답하던 가슴이 한순간에 탁 트였다.

다음 날 새벽에도 일찍 일어나 그는 커튼을 열어젖혔다. 찬란한 아침해가 수평선 위로 막 솟아오르고 있었다.

'아, 맞아! 사람들의 마음에 창을 달아주면 되는 거야. 아침해가 떠오르는 창문을 열면 사람들은 모두 기쁨에 차오를 거야!'

그는 즉시 여행에서 돌아와 사람들의 마음에 창을 달아주는 회사를 차렸다. '당신의 마음에 창을 달아드립니다'라는 카피를 써서 신문에 광고를 내자 사람들이 끊임없이 찾아왔다.

그는 그들의 마음에 일일이 창을 달아주었다. 가능하면 햇빛이 잘 들도록 남향받이로 크고 넓은 창을 달아주었다.

마음에 창을 단 사람들은 이제 죽고 싶다는 말을 하지 않았다. 다들 자기 마음에 달린 창을 열고 시원하게 바람을 쐬거나 햇살에 몸을 맡기며 싱글벙글 웃는 일이 잦아졌다.

그런 어느 날, 한 아버지가 자기 아들을 데리고 와 창을 달아달라고 말했다.

"삭막한 내 아들의 마음에 창을 좀 달아주십시오. 부탁입니다."

아들을 바라보는 아버지의 눈빛은 무척 따뜻했다.

"그러면 아버님부터 먼저 창을 달도록 하세요. 아버지의 마음에 창이 달려 있어야 아들의 마음에도 창을 달 수 있답니다."

그는 먼저 아버지의 마음에 창을 달 것을 권했다. 그러자 아버지가 빙그레 웃으면서 손을 내저었다.

"아, 아닙니다. 저는 마음에 창이 있는 사람입니다. 제 아들이 창이 없어서 데려왔을 뿐입니다."

그는 급히 아버지의 마음을 열어보았다. 정말 아버지의 마음속에는 맑고 튼튼한 창이 달려 있었다. 그것도 하나가 아니라 열 개나 달려 있었다.

"다른 사람은 하나도 없는데, 아버님께서는 창이 열 개나 달려 있습니다. 도대체 이게 어떻게 된 일입니까?"

그가 놀라 입을 다물지 못하자 아버지가 말했다.

"사람은 태어날 때부터 마음에 창을 열 개씩 달고 태어난답니다. 하느님이 사람의 마음을 만들면서 누구에게나 공평하게 열 개의 창을 만들어 주었지요. 열 개 중에서 하나는 자기 자신을 위해서 쓰고, 나머지 아홉 개는 남을 위해서 쓰라고요. 그런데 대부분의 사람들이 자기 자신만을 위해 창을 쓰다가 그만 다 망가뜨리고 말았답니다."

산울림

사소한 일로 형이 동생과 싸웠다. 그걸 보고 엄마가 형을 야단쳤다. 어린 동생을 귀여워해 주지는 못할망정 때리기는 왜 때리느냐고 나무랐다.

분을 참지 못한 형이 집 뒷산에 올라 "나는 너를 미워해" 하고 소리쳤다.

앞산에서도 "나는 너를 미워해" 하는 소리가 들려왔다.

아이는 황급히 집으로 돌아와 엄마한테 말했다.

"엄마, 산 너머에서 누가 자꾸 나를 보고 미워한다고 소리 지르는 아이가 있어요."

엄마는 이 말을 듣고 아들에게 이렇게 말했다.

"그럼 말이야, 다시 산에 올라가서 이번에는 '나는 너를 사랑해' 하고 한번 소릴 질러봐."

아이는 엄마 말씀대로 다시 뒷산에 올라 "나는 너를 사랑해" 하고 소리쳤다. 그러자 앞산 너머에서도 "나는 너를 사랑해" 하는 소리가 들려왔다.

    아이는 기뻤다. 해가 지는 줄도 모르고 자꾸 "나는 너를 사랑해!" 하고 소리쳤다.

잘려진 바지

날씨가 제법 쌀쌀해지기 시작한 늦가을 밤. 아파트 공사장에서 일하는 이씨는 그날 일을 끝내고 함바집에 들러 밤늦게까지 막걸리를 한잔했다. 그리고 집으로 돌아가는 길에 노점상에서 작업복 바지를 하나 샀다. 낮에 공사장에서 바짓가랑이가 못에 걸려 못 입을 정도로 길게 찢어져버렸기 때문이었다.

"내일 일할 생각은 안 하고 왜 이렇게 늦었어요?"

대문을 열어준 이씨의 아내가 피곤해 죽겠다는 듯이 손으로 입을 가리는 것조차 잊은 채 하품을 했다. 아침 일찍 일어나 서울로 파출부 일을 나가는 그녀는 밤 10시만 되면 쏟아지는 잠을 이기지 못했다.

이씨는 그때까지 잠자리에 들지 않고 텔레비전을 보고 있던 노모에게 인사를 하고 얼른 바지를 아내에게 내주었다.

"여보, 나 오늘 작업복 바지가 찢어져서 새 바지를 하나 사왔어. 내일

입고 갈 수 있도록 바짓단 좀 줄여주구려."

그러자 이씨 아내의 목소리가 커졌다.

"아휴, 그런 일이 있으면 좀 일찍 와서 그러지, 지금 몇 신데 그래요? 우선 잠이나 좀 자요. 정말 피곤해 죽겠단 말이에요. 내일 다른 걸 입고 가면 되잖아요."

"아, 참, 그래 그러지."

이씨는 아내가 몹시 피곤해하는 것 같아 더 이상 아무 말도 하지 않았다. 그리고는 그도 피곤을 이기지 못해 씻는 둥 마는 둥하고 곧 곯아떨어지고 말았다.

그러나 이씨의 아내는 잠을 자지 않고 남편이 사온 바지를 집어들었다. 솜에 물이 배듯 온몸에 잠이 쏟아졌으나 아무래도 남편이 내일 새 바지를 입고 가는 게 좋겠다 싶어 애써 바짓단을 줄여놓았다.

그뒤 새벽 1시 무렵이었다. 노처녀인 이씨의 여동생이 그때까지 잠을 자지 않고 있다가 살짝 마루로 나와 오빠의 바짓단을 줄여놓고 제 방으로 들어갔다. 그리고 또 새벽 5시, 이씨의 노모가 일어나 살그머니 아들의 바짓단을 줄여놓고는 산에 약수를 뜨러나갔다.

그날 아침, 이씨의 아내가 이씨한테 그 작업복 바지를 내어놓았다.

"오늘 이 바지 입고 가세요. 어젯밤 당신이 곯아떨어지고 난 뒤에 내가 바짓단을 줄여놓았단 말이에요."

"야아! 역시 당신이야!"

이씨는 어머니라도 볼세라 재빨리 아내의 뺨에 살짝 키스를 했다. 그리고는 얼른 바지를 입어보았다.

"아니, 이거 왜 이렇게 짧은 거야?"
바짓단은 이씨의 복숭아뼈 위에까지 성큼 올라와 있었다.

겨울의 의미

살을 에는 매서운 겨울바람이 불어왔다. 어린 매화나무는 너무나 추워 자신도 모르게 눈물을 주르르 흘렸다. 눈물은 겨울바람에 금세 얼어 버렸다.

"엄마, 너무 추워요. 견딜 수가 없어요."

어린 매화나무는 바람을 견디다 못해 엄마 매화나무의 품으로 파고들었다.

"그래, 정말 춥구나. 그렇지만 우린 이 겨울을 누구보다도 잘 참고 견딜 수 있어야 한다."

엄마 매화나무가 앙상한 몸을 구부려 어린 매화나무를 안은 팔에 더욱 힘을 주었다.

"겨울은 왜 우리를 해마다 이렇게 못살게 구는지 모르겠어요."

"그게 겨울의 의무란다. 겨울은 우리에게 참으로 고마운 존재야. 우린

겨울이 없으면 어쩌면 존재 가치를 잃어버리게 될지도 몰라."

"고맙긴 뭐가 고마워요? 우리를 이렇게 추위에 떨게 하는데."

"그게 겨울이 우리에게 해야 할 일이야. 이제 봄이 오면 너도 겨울이 얼마나 고마운 존재인지 알게 될 거야."

엄마의 품에 안긴 탓인지 어린 매화나무는 조금 추위가 가시는 것 같았다.

그러나 겨울바람은 여전히 무섭게 불어왔다. 엄마의 품에 안겼다고 해서 겨울바람을 피할 수는 없었다. 엄마의 말씀대로 어린 매화나무는 겨울을 참고 견뎌내지 않으면 안 되었다.

먼 산의 눈이 녹았다. 살을 에던 매서운 겨울바람이 훈훈한 봄바람으로 바뀌었다. 드디어 봄이 온 것이다.

어린 매화나무는 잎도 나기 전에 먼저 연분홍색 꽃을 피웠다. 세상에 태어나서 처음으로 피운 꽃이었다.

많은 사람들이 어린 매화나무 곁으로 몰려들었다.

"와! 정말 좋은 향기야."

"세상에 이렇게 좋은 향기는 없을 거야."

"난 매화 향기를 맡기 위해 봄이 오기를 기다린다네."

사람들이 어린 매화나무의 꽃향기를 끝없이 칭송했다.

그날 밤, 엄마 매화나무가 어린 매화나무에게 말했다.

"아가야, 이제 너도 알 거다. 우리가 왜 겨울바람을 참고 견뎌야 했는지를. 우리 매화나무들은 살을 에는 겨울바람을 이겨내어야만 향기로운 꽃을 피울 수 있단다. 네가 만일 겨울을 견디지 못했다면 넌 향기 없는 꽃이 되고 말았을 거야. 꽃에 향기가 없다는 것은 곧 죽음과 마찬가지야."
어린 매화나무는 그제야 겨울의 의미를 조금은 알 수 있을 것 같았다.

맹인안내견

한 가난한 시각장애자 대학생을 주인으로 섬기는 맹인안내견이 있었다. 그의 이름은 태극. 주인인 대학생 민호가 지어준 이름이다.

태극은 안내견학교를 '수석'으로 졸업하고 민호에게 기증됐다. 민호가 다니는 대학에서 시각장애 학생들을 위해 '맹인안내견 기증식'을 가질 때, 태극이 정식으로 민호와 커플이 되었다.

태극은 안내견학교에서 민호와 처음으로 숙식을 같이하면서 공동훈련을 받을 때 기분이 별로 좋지 않았다. 속으로 은근히 예쁜 여대생을 주인으로 섬겼으면 하고 바랐으나, 키도 작고 비쩍 마른 말라깽이 민호와 훈련을 받게 되자 선뜻 마음이 내키지 않았다. 그렇지만 사람이 개를 선택하지 개가 사람을 선택할 수는 없다는 것을 그는 잘 알고 있었다.

태극은 기증식을 끝낸 다음날부터 등판에 '맹인안내견'이라는 띠를 두르고 민호와 함께 다녔다. 안내견학교에서 배운 대로 주인의 왼쪽 약간 앞쪽에서 걸으며 주인을 안내해 주었다. 길을 가다가 장애물이 있으면 피해가고, 피하지 못할 장애물이 있으면 멈춰 서서 주인에게 알려주고, 턱이 있으면 그 앞에 잠시 멈춰 섰다가 건물의 출입문이나 계단으로 안내해 주었다.

많은 사람들이 신기하다는 듯이 태극을 쳐다보았다. "어머머, 저 개 좀 봐" 하고 호들갑을 떠는 여자들을 보면 훈련받을 때와는 달리 괜히 으쓱한 기분도 들었다.

그러나 맹인안내견 생활은 보통 힘든 일이 아니었다. 지하철을 타려고 전동차 안으로 들어서면 "어머, 웬 개?" 하면서 승객들이 반쯤 놀라고 반쯤 기분 나쁘다는 표정으로 태극을 쳐다보았다. 점심때가 되어 뭘 좀 사 먹으려고 할 때도 개는 들어갈 수 없다고 음식점 문 앞에서 문전박대당하기 일쑤였다.

그러나 이러한 일들은 민호가 대학에서 강의를 듣는 동안 강의실 바닥에 조용히 앉아 강의가 끝나기를 지루하게 기다리는 일에 비하면 아무것도 아니었다. 다른 것은 다 견딜 수 있어도 그것만은 정말 못 견딜 노릇이었다. '서당개 3년에 풍월을 읊는다'라는 속담이 있긴 하지만, 도대체 무슨 소리를 하는지 알 수 없는 강의를 주인을 위해 몇 시간이고 꼼짝없이 쭈그리고 앉아 들어야 한다는 것은 정말 크나큰 고통이었다.

하지만 무엇보다도 태극이를 고통스럽게 하는 것은 맹인안내견으로서 진정으로 주인을 사랑해야 한다는 사실이었다. 그러나 사랑은 노력한다고 해서 되는 일이 아니었다. 태극이는 아무리 노력해도 주인에 대한 사랑의 감정이 일지 않았다. 사랑은커녕 심술을 부려 주인을 엉뚱한 길로 끌고 가는 짓이라도 하지 않는 것만 해도 다행이었다.

　그래서 태극이는 가끔 민호한테서 멀리멀리 도망가는 꿈을 꾸었다. 어떻게 하면 이 지루하기 짝이 없는, 나 자신을 위해 살지 못하고 시각장애자를 위해서만 살아야 하는 삶에서 벗어날 수 있을까 하는 생각을 거듭하였다.

　그런 어느 날, 태극은 민호의 가장 친한 친구인 경호의 집을 지하철을 두 번씩이나 갈아타고 찾아가게 되었다. 그 집은 한 번도 간 적이 없는 산동네에 있었다. 흔히 말하는 달동네였다.

　동네 입구에 들어서자 아이들이 무리를 지어 태극을 졸졸 따라다녔다. 아이들은 심심하던 차에 좋은 구경거리가 생겼다 싶었는지 잔뜩 호기심이 동한 모습이었다. 그런데 아이들이 왜 태극에게 갑자기 돌을 던지게 되었는지는 알 수 없는 일이었다. 아마 별다른 이유는 없었을 것이다. 그저 어린애다운 단순한 장난에 불과했을 것이다. 그러나 아이들은 한 아이가 돌을 던지기 시작하자 너나 할것 없이 계속 돌을 던져댔다.

　태극은 화가 났지만 한두 번 던지다가 그만두겠지 하고 모처럼 인내심을 발휘했다. 그런데 아이들은 태극의 그런 속마음도 모르고 돌 던지기를 멈추지 않았다. 태극은 계속 얻어맞기만 하다가 그만 더 이상 참지 못하고 아이들을 향해 눈을 부라리며 으르렁거렸다.

　아, 그런데 바로 그때, 날카로운 돌멩이 하나가 태극의 오른쪽 눈을 향해 힘껏 날아왔다. "아!" 하고 소리치는 순간, 태극의 눈에서 주르르 피가 흘러내렸다. 태극의 비명소리에 놀라 민호가 고삐의 손잡이를 놓고 아이들을 마구 야단쳤으나, 아이들은 이미 후다닥 도망쳐버린 뒤였다.

　태극은 밤새 잠을 이룰 수 없었다. 눈이 쑤시고 아팠기 때문만은 아니었다. 그것은 응급조치를 하러 찾아간 동물병원 의사가 주인 민호에게 던진 한마디 말 때문이었다.

　"어쩌면 실명할지도 모르겠군요. 망막에 상처가 깊어요."

　이 말이 태극에게 준 충격은 컸다. 태극은 잠뿐만 아니라 입맛마저 잃고 말았다. 평소 좋아하는 소시지를 건네주어도 입에도 대지 않았다.

　결국 그 충격은 단순한 충격으로 끝나지 않고 태극에게 실명의 상처를 안겨주었다. 맹인안내견이 그만 맹견이 되고 만 것이다.

　볼 수 없는 세상은 정말 답답했다. 눈으로 볼 수 없는 세상은 어둠 바로 그것이었다. 그동안 주인이 이런 암흑 속에서 살았나 싶어 태극은 진정으로 주인을 위하지 못한 일이 후회되었다. 그러나 주인의 어둠을 헤아리고 있기에는 태극의 처지가 너무나 참담했다. 눈먼 사람도 살기 힘든 세상에 어찌 눈먼 개가 살아갈 수 있을까 싶어 태극은 오직 죽고 싶은 심정일 뿐이었다.

　세월은 속절없이 흘러갔다. 어떻게 하면 죽을 수 있을까 하는 생각만 하던 태극은 하루하루 야위어갔고, 민호는 혼자 학교를 다니느라 늘 다치고 지친 몸으로 집으로 돌아왔다.

　그런데 어느 더운 여름날, 민호가 또 어디에서 넘어졌는지 안경이 찌그러지고 앞니 하나를 부러뜨린 채 집으로 돌아왔다. 그러자 술 취한 민호 아버지가 소리쳤다.

"야, 이 자식아, 정신 좀 차리고 다녀라. 너 그러다가 이빨 하나도 안 남겠다. 눈먼 자식 키우는 것도 힘든 일인데, 이젠 눈먼 개까지 키우다니, 내 참 기가 막혀서……."

민호 아버지의 말은 태극을 슬프게 했다.

"내 아들 좀 잘 봐달라고 신신당부했더니, 정작 니가 눈이 멀어? 여보, 이놈 이거 더 이상 비쩍 마르기 전에 아예 보신탕 집에 팔아버립시다. 아, 오늘이 복날인데 고기 값이라도 건져야 할 것 아니오?"

태극은 쓸쓸히 죽음을 각오했다. 그동안 자살이라도 하지 못한 자신에 대해 심한 모멸감이 느껴졌다.

그때 민호가 옷을 갈아입다 말고 방문을 열고 나왔다.

"아버지, 무슨 그런 말씀을 하세요? 태극이가 들으면 얼마나 섭섭하겠어요?"

그러자 부엌에서 수박을 쪼개다 말고 민호 엄마도 나와서 말했다.

"당신 그게 무슨 소리예요? 갠들 오죽하겠어요? 당신, 농담이라도 그런 말 하면 죄받아요."

그러면서 민호 엄마는 수박 한 조각을 태극에게 건네주었다.

"목마르지? 어이 이거 먹어라. 저이가 술이 취해서 그러니까 아무 걱정하지 말고. 니가 눈이 먼 게 어디 니 잘못이냐. 다 내 아들 때문이지. 내 다 알고 있다. 그동안 아들을 도와준 일, 정말 고맙다. 아무 걱정하지 말고 저이 말을 귀담아 듣지 말거라."

태극은 민호와 민호 엄마의 말에 눈물이 핑 돌았다. 그들이 그렇게까지 자기를 생각해 주리라고는 미처 생각하지 못한 일이었다.

그날 이후, 민호 엄마가 매일 눈먼 태극을 데리고 산책을 나갔다. 태극은 민호 엄마의 안내를 받을 때마다 미안하기도 하고 황송하기도 한 마음이 들었지만 그리 싫지는 않았다.

여름이 지나간 탓인지 산책을 할 때마다 바람은 늘 싱그러웠다. 거리엔 낙엽 떨어지는 소리가 들렸다.

지는 낙엽 때문이었을까. 어느 날 태극은 그동안 맹인안내견으로서 살아온 것이 바로 자신을 위해 살아온 것이라는 사실을 문득 깨닫게 되었다. 남을 위하지 않고서는 결코 자기 자신을 위할 수 없다는 사실을 태극은 그제서야 깨닫게 된 것이다.

눈사람이 된 연탄재

함박눈이 내렸다. 사람들은 새해를 축복하는 서설이 내렸다고 다들 기뻐하면서 거리를 쏘다녔다.

아파트 단지 한 모퉁이에 가득 쌓여 있던 연탄재들도 기쁜 마음은 사람들과 똑같았다. 연탄 아궁이로 들어갔다가 희멀겋게 볼품 없이 된 그들에게 함박눈이 하얀 옷을 입혀준 것은 더없이 고마운 일이었다.

아이들은 눈발이 가늘어지자 너나없이 밖으로 나와 눈사람을 만들었다. 처음에는 눈뭉치를 만들어 눈싸움을 하다가 나중에는 누가 가장 빨리, 가장 큰 눈사람을 만들 수 있는가 하는 시합을 벌였다.

눈은 내린 지 얼마 되지 않아 습기가 없는 탓인지 잘 뭉쳐지지 않았다. 그러자 어떤 아이 하나가 아파트 뒤뜰에 쌓인 연탄재 하나를 집어들었다. 난생 처음 눈을 보고 마냥 신기해하기만 하던 연탄재는 영문도 모른 채 갑자기 그 아이에게 끌려갔다.

아이는 연탄재를 눈 위에 놓고 굴리기 시작했다. 아이의 눈뭉치가 금방 다른 아이들의 눈뭉치보다 더 크게 되었다. 아이는 신이 났다. 아무도 자기를 따라오지 못하는 것이 기뻤다.

연탄재는 당황하지 않을 수 없었다. 연탄으로 태어나 결국 여기에서 죽나 보다 하는 절망감에 눈물이 났다.

그러나 차차 정신을 차리고 보니 그게 아니었다. 비록 눈뭉치 속에 갇혀 갑갑하기는 했으나 그리 싫지는 않았다. 연탄재의 신분에서 눈사람의 신분으로 상승된다는 사실이 오히려 잘된 일이라는 생각이 들었다. 이제야말로 바뀌어진 운명에 스스로 순응할 때라는 생각이 들었다.

연탄재는 이리저리 굴려질 때마다 온몸에 멍이 들었으나 조금도 싫은 소리를 내지 않았다. 눈덩이가 커지면 커질수록 중압감에 못 견뎌 연방 입 밖으로 고통스러운 신음소리가 새어나왔으나 아프다는 말 한 마디 하지 않았다. 신분이 상승되기 위해서는 이 정도의 고통쯤은 참아내야 한다고 생각했다.

결국 눈사람을 가장 빨리, 가장 크게 만든 아이는 연탄재를 굴려 눈사람을 만든 아이였다. 아이는 기뻐 어쩔 줄 몰라했다. 어느새 아이의 아버지가 카메라를 가지고 나타나 기념사진까지 찍어주었다.

연탄재는 이제 자신을 연탄재가 아니라 눈사람이라고 생각했다. 이대로 영원히 순결한 눈사람으로 살게 해준 아이에게 감사했다. 그리고 예전의 자기처럼 아파트 담벼락에 더덕더덕 추한 모습으로 쌓여 있는 연탄재들에게 연민의 정을 품었다.

다음날, 눈이 그치고 햇살은 빛났다. 또 그 다음날에도 햇살은 내리쬐었다. 자연히 햇살에 눈사람이 녹아내렸다. 연탄재는 예전보다 더 흉한 몰골을 하고 다시 자신의 모습을 드러내었다. 햇살에 눈사람이 녹는다는 사실을 미처 모르고 있었던 연탄재는 그만 부끄러워 견딜 수가 없었다.

그녀의 보석

그녀는 아들 셋을 두고도 늘그막에 자녀들과 따로 살게 되었다. 어릴 때는 그토록 착하고 효성스럽기 짝이 없던 아들들이 이제는 며느리들한테 꼭 쥐여 분가할 것을 주장하자 건강이 허락될 때까지 서로 따로 사는 게 편한 일이라고 생각했다.

자식들은 처음에는 일주일이 멀다 하고 우르르 손자들을 데리고 찾아왔다. 그러나 날이 갈수록 그녀를 찾는 일이 줄어들었다. 이제는 손자들이 보고 싶어 잠깐 들르라는 전화를 해도 바쁘다는 핑계를 대는 일이 잦았다.

그러자 그녀는 노년의 외로움이라도 달래려는 듯 보석이나 장신구 따위의 패물을 사 모으기 시작했다.

그녀의 남편은 그런 그녀를 몹시 못마땅하게 생각했다. 그러나 돈 달라는 말을 하지 않으면서도 그런 값비싼 보석들을 사 모으는 데에야 달리 할 말이 없었다.

그녀는 집안에 무슨 일이 있어 며느리들이 다 모이면 으레 그 패물들을 며느리 보는 앞에 꺼내놓고 손질을 하곤 했다. 자호박이니 비취니 루비니 다이아니 하는 따위의 보석들을 호호 입김을 불어가며 닦기도 하고 몸에 한번 걸쳐보기도 했다.

그러자 며느리들의 태도가 눈에 띄게 달라졌다. 그녀를 찾는 횟수도 잦아졌을 뿐만 아니라 서로 돈을 갹출해서 보약을 지어오는 일도 있었다. 그럴 때마다 그녀는 며느리들에게 이런저런 패물들을 더욱 구경시켜 주었다.

그뒤 크게 득병한 일도 없이 갑자기 그녀가 세상을 떠났다. 누구보다도 며느리들이 슬피 울었다. 문상 온 사람들이 "이 집엔 다들 효부를 두었다"는 말들을 하고 돌아갔.

그녀의 남편은 장례를 치르고 나서 이것저것 아내의 유품을 정리했다. 결국 아내가 사 모은 패물을 어떻게 처리하느냐 하는 것이 가장 큰 문제였다.

그는 생전의 아내가 자기 분신처럼 아끼던 패물들을 며느리들이 잘 간직해 주기를 바랐으나 어떻게 나누어주어야 할지 알 수 없었다. 패물의 종류와 값이 다 달라 세 며느리에게 공평하게 나누어주기가 어려웠다. 세 며느리 또한 서로 비싼 물건을 갖고 싶어하는 눈치여서 선뜻 결정을 내리기가 어려웠.

그래서 세 며느리를 불러 앉혀놓고 말했다.

"내가 이걸 갖고 싶은 생각은 추호도 없다. 며느리인 너희들에게 주고

싶다. 그런데 이걸 어떻게 나누면 좋을지 모르겠구나. 너희들 셋이서 잘 의논해서 정해보아라."

며느리들은 곧 의논을 하고 돌아왔다.

큰며느리가 며느리들을 대표해서 입을 열었다.

"패물을 몽땅 팔아서, 그걸 현금으로 똑같이 셋으로 나누어주세요."

"허허, 그게 진정으로 하는 말이냐?"

"네."

그것은 그가 가장 바라지 않았던 결론이었다. '고얀 것들, 시에미 패물을 그저 돈으로밖에 안 보는구나' 하는 생각에 마음이 언짢았다. 그렇지만 그는 시아버지로서 며느리들에게 한 말을 지키기로 결심했다.

그는 그 길로 보석상을 찾았다.

중년의 보석상 주인이 이리저리 아내의 패물들을 살펴보더니 잔뜩 이맛살을 찌푸렸다.

"할아버지, 이거 어디에서 사신 겁니까?"

"내가 산 게 아니네. 죽은 내 마누라가 산 걸세."

"할아버지, 이 물건들은 모두 다 가짭니다. 저는 혹시 할아버지가 속아서 사셨나 했습니다."

순간, 그는 심한 현기증을 느꼈다. 울컥 어떤 서러움 같은 것이 치솟아 올랐다. 죽은 아내가 왜 그토록 패물을 사 모았는지 그제서야 그 이유를 알 것 같았다.

발레리나를 꿈꾸던 소녀

소녀는 발레에 천부적인 소질이 있었다.

"저 애는 발레에 소질이 있어. 열심히 노력하면 세계적인 발레리나가 될 거야."

소녀를 본 사람들은 누구나 이런 말을 한 마디씩 하곤 했다.

소녀 또한 세계적인 발레리나가 되는 것이 꿈이었다. 권위 있는 발레단의 단원이 되어 〈백조의 호수〉의 오데트 공주나, 〈잠자는 숲 속의 미녀〉의 오로라 공주 같은 배역을 맡아보는 게 최대의 꿈이었다.

소녀는 자신의 꿈을 이루기 위해 어릴 때부터 발레 전문 무용학원에 나가 수업을 받았다. 다른 학생들은 한 시간쯤 연습을 하면 그녀 스스로 두 시간 이상씩 연습을 했다.

소녀에 대한 교사들의 기대는 컸다. 소녀의 천부적 재능도 재능이지만 남다른 노력과 성실성을 높이 샀다. 물론 스스로에 대한 소녀 자신의 기대도 컸다.

그런데 소녀가 열다섯 살 되던 날이었다. 소녀는 늘 하는 발레의 기본 동작 몇 가지를 연습하다가 갑자기 발목이 시큰하게 아파 오는 것을 느꼈다.

처음에는 별일 아니려니 하고 그냥 무관심하게 지나갔으나 날이 갈수록 시큰시큰 발목 부위가 아파 왔다. 소녀는 너무 지나치게 연습을 많이 한 탓으로 발목에 잠시 무리가 간 것이라고 생각하고 잠시 발레 연습을 중단했다.

그러나 통증은 멈추지 않고 계속되었다. 나중엔 걸음조차 제대로 걸을 수 없을 정도로 통증이 심해 병원을 찾았다.

병명은 관절염이었다. 그것도 완치된다 하더라도 심한 운동 장애를 남기는 관절염이었다. 소녀에게 그것은 사형선고나 다름없었다.

소녀는 발을 잘 쓸 수 없게 된다는 사실보다 발레를 할 수 없게 된다는 사실 앞에 절망했다.

그러나 소녀는 포기하지 않았다. 매일 저녁시간만 되면 토슈즈를 들고 발레학교로 갔다. 친구들의 연습 장면을 지켜보면서 마음속으로 발레를 계속했다.

그러나 소녀는 결국 발레를 포기하지 않을 수 없었다. 관절의 염증은 가라앉아 걸음을 걷는 데에는 큰 불편이 없었으나 심한 운동이 요구되는 발레만은 할 수 없었다.

소녀는 하루하루를 눈물로 보냈다. 세계적인 발레리나가 되고자 하는 꿈을 포기한다는 것은 소녀에게 곧 죽음을 의미했다.

소녀는 정말 죽고 싶었다. 더 이상 살아야 할 삶의 아무런 가치도 없다는 생각이 들어, 마지막으로 발레를 한번 추어보고 죽어버리겠다고 결심했다.

 햇살이 눈부신 봄날, 소녀는 토슈즈를 들고 들판으로 나가 신나게 발레를 추었다. 그러나 곧 발목에 통증을 느끼고 땅바닥에 털썩 주저앉았다.

 화가 났다. 미칠 것만 같았다. 이제는 발레를 포기해야 한다는 사실을 정말 인정하지 않을 수 없었다.

 소녀는 들판 한가운데로 걸어가 우물 속에다 토슈즈를 던져버렸다. 그리고 그 우물 속을 가만히 들여다보았다. 우물 속에는 파란 봄하늘과 맑은 구름이 지나갔다. 소녀는 자신도 토슈즈처럼 우물 속으로 내던져져야 한다고 생각했다.

 그때였다. 누군가 소녀의 어깨 위에 가만히 손을 얹는 사람이 있었다. 소녀가 다니던 발레학교의 젊은 여교사였다.

 "선생님, 전 더 이상 살 의미가 없어요. 발레를 할 수 없다면 차라리 죽는 게 나아요."

 소녀는 교사의 가슴에 얼굴을 파묻고 울음을 터뜨렸다. 그러자 토닥토닥 소녀의 어깨를 두드리며 그 젊은 여교사가 말했다.

 "울지 말고 이 꽃을 봐라. 그리고 저 바위도. 산다는 것에 의미 따위는 소용없어. 장미는 장미답게 피려고 하고, 바위는 언제까지나 바위답겠다고 저렇게 버티고 있지 않니. 그저 성실하게, 충실하게 하루 하루를 열심히 살아가는 게 제일이야. 그러다 보면 자연히 삶의 보람도 기쁨도 느끼게 되는 거야. 너무 그렇게 절망할 필요는 없어. 이제 또 다른 꿈이 너를 기다리고 있을 거야."

군밤장수를 찾습니다

크리스마스 이브날 밤이었다. 서울 하월곡동 어두운 골목에 허름한 신사복 차림을 한 노인 한 분이 쓰러져 있었다. 마침 성탄 전야인데다 날씨마저 추워 지나가는 사람이 거의 없었다.

노인은 쓰러진 채 도움을 구하려고 필사적이었다. 그러나 노인은 이미 탈진 상태에 빠져 신음소리만 내었을 뿐 손가락 하나 까딱하지 못하고 있었다. 어쩌다가 행인들이 한두 명 지나갔으나 그들은 노인을 못 본 척했다. 무심코 길바닥에 쓰러진 노인을 보고는 달아나듯 그 자리를 피해 갈 뿐이었다.

이미 시간은 자정을 넘어 있었다. 노인은 더욱 위급한 상태가 되었다. 노인은 이대로 길에서 객사하는구나 하는 절망적인 생각에 사로잡혀 있었다.

그때 한 군밤장수 사내가 리어카를 끌고 가다가 노인 앞에 멈춰 섰다.

"할아버지, 무슨 일이십니까?"

노인은 아무 대답을 하지 못했다. 뭐라고 말을 하려고 해도 말이 입 밖으로 나오지 않았다.

사내는 급히 노인을 잡아 일으켰다. 노인은 거의 사색이 다 돼 있었다. 사내는 리어카를 그대로 내버려둔 채 노인을 들쳐업고 인근 병원으로 달려갔다.

"아휴, 조금만 더 늦었더라도 큰일 날 뻔했습니다. 이제 조금 있으면 정신을 차리실 겁니다. 워낙 당뇨가 심하시군요."

응급조치를 하고 나온 의사가 정말 다행이라는 표정을 지었다.

노인은 의사의 말대로 조금 있자 사람을 알아볼 정도로 기력을 회복했다.

"할아버지, 전화번호를 말씀해 주세요. 제가 집에 연락해 드리겠습니다."

사내는 노인의 팔다리를 주물러주면서 연락처를 알아내 가족들에게 전화를 해주었다.

"여보게, 고맙네, 고마워. 어디 사는 누구신가?"

가족들에게 전화연락을 하고 나자 노인이 사내의 손을 잡고 입을 열었다.

"당연히 해야 할 일을 했는데, 그런 말씀은 마시고, 속히 안정을 취하도록 하십시오."

"집이 어딘가? 좀 가르쳐주게."

"그런 건 모르셔도 괜찮습니다. 빨리 나으실 생각이나 하십시오."

"아니야, 집이 어딘지 꼭 좀 가르쳐주게. 그래야 내가 나중에 인사라도 할 수 있지 않는가?"

"아닙니다. 전 그저 군밤장수일 뿐입니다. 몸이 불편하신데 말씀 자꾸 하지 마시고 안정을 취하십시오."

노인이 몇 번이나 집을 가르쳐달라고 했으나 사내는 자신이 군밤장수라는 말만 되풀이했다. 그리고 노인의 가족들이 병원으로 달려왔을 때에는 이미 그 자리에 없었다.

노인은 건강이 회복된 후 군밤장수를 찾아나섰다. 하월곡동 시장 일대는 물론 사람들의 왕래가 잦은 골목이나 지하도 입구를 샅샅이 찾아다녔다. 그러나 아무리 찾아다녀도 군밤장수를 찾을 수가 없었다.

노인은 찾다 못해 일간 신문에다 조그맣게 광고를 냈다.

하월곡동 군밤장수만 보시오. 요즘 보기 드문 한 군밤장수를 찾습니다. 지난해 크리스마스 이브날 밤, 자정 넘은 시각에 하월곡동 골목에서 쓰러진 노인을 구해준 고마운 군밤장수에게 꼭 인사를 드리고 싶습니다.

신문에 광고가 나가도 군밤장수한테서는 아무런 연락이 없었다. 그날 밤 노인을 돕느라 골목에 그대로 두었다가 리어카를 잃어버린 사내가 다시 리어카를 장만하기 위해 매일 막노동을 하고 있는 줄을 그 노인은 알 리 없었다.

그 청년이 지고 온 함

전쟁이 끝난 뒤 사람들은 가난했다. 그도 다른 사람들과 마찬가지로 가난하기 짝이 없었다. 전쟁에 나가 살아 돌아온 것만 해도 다행이었다. 압록강까지 진격했다가 철모에 압록강물 한 번 떠먹어보지 못하고 중공군들에게 쫓겨 내려올 때는 죽은목숨이나 다름없었다.

그러나 전쟁이 끝난 뒤에도 사랑은 있었다. 그는 한 여대생과 사랑하는 사이가 되어 결혼을 약속했다. 그는 자신의 가난을 염려했으나 여대생은 그 가난마저도 사랑한다고 말했다.

여대생이 대학을 졸업하고 이태가 지났다. 그는 청혼을 하기 위하여 여자의 집을 찾았다.

여자의 부모가 그에게 물었다.

"자네 직업이 무엇인가?"

"아직 뚜렷하게 직업이라고 할 만한 게 없습니다."

"직업도 없이 남의 집 귀한 딸을 데려가려고 하는가?"

"지금 고등고시(오늘날의 사법시험) 공부를 하고 있습니다."

"지금까지 몇 번 응시했는가?"

"세 번 응시해서 세 번 떨어졌습니다."

"그럼 언제 합격할 수 있겠는가?"

"그건 저도 모르는 일입니다. 그저 열심히 노력하고 있을 따름입니다."

"다시 한번 말해 보게. 언제 합격할 수 있겠는가?"

"그건 장담할 수 없습니다."

여자의 부모는 잠시 입을 다물었다. 얼굴에 마뜩찮다는 표정이 역력했다.

"그래, 자네 부모님은 뭘 하시나?"

"전쟁통에 두 분 다 돌아가셨습니다."

"허허, 그것 참 안된 일이군. 그렇지만 난 자네한테 우리 딸을 줄 수 없네."

여자의 아버지는 더 이상 물어볼 필요도 없다는 듯이 단호하게 잘라 말했다.

"너무 섭섭하게 생각하지 말게나."

여자의 어머니가 그것 참 잘된 일이라는 듯 상냥하게 덧붙여서 말했다.

그는 낙망이 되었으나 포기하지 않았다. 매일같이 여자의 부모를 찾아갔다. 지성이면 감천이라고 드디어 허락한다는 말이 떨어지고 결혼날짜가 잡혔다.

그러나 신부집에 함을 보내야 할 날짜가 다가오자 그는 다시 고민이 되었다. 어렵게 승낙을 얻어 결혼을 하게 되었으나 정작 함 속에 넣을 채단 살 돈이 없었다. 최소한 청색, 홍색 치마저고릿감이라도 한 벌 끊어 넣어야 했으나 그럴 만한 형편이 되지 못했다.

고민을 하는 동안 함을 지고 가야 할 날은 다가왔다. 그는 커다란 여행용 가방 하나를 이웃집에서 빌려 달랑 그 가방만 들고 혼자 신부집으로 갔다.

"함 사시오! 함!"

그는 신부집 대문을 흔들며 커다란 목소리로 당당하게 소리쳤다. 신부집에서는 신랑 친구들이 여러 명 올 줄 알았으나 신랑이 직접 함을 지고 오자 깜짝 놀라는 기색이었다.

그는 함을 마루에 내려놓았다. 신부의 어머니와 인척들이 그 함 가방을 열었다. 가방 안은 텅 비어 있었다.

"아니, 이 사람아, 이게 무슨 일인가? 이건 빈 함이 아닌가?"

"네, 그렇습니다."

"자네, 우릴 무시하는 건가? 도대체 이런 법이 어디 있는가?"

"그런 것이 아닙니다, 장모님. 비록 이 함이 텅 비어 있어 보이지만 그 속에는 신부를 사랑하는 제 마음이 가득 들어 있습니다."

"허허, 이 사람, 말하는 것 좀 보게."

"저는 언제까지나 이 함 속에 사랑을 가득가득 채워둘 것입니다."

"허허, 이 사람, 내 그 말을 평생 잊지 않겠네."

열정

입춘과 우수가 지난 어느 날, 우리나라에 사는 나무들의 영혼들이 모여 회의를 열었다.

"이제 곧 봄이 옵니다. 우리들의 몸 속으로 흐르는 물들이 예전 같지 않고 따스하기 그지없습니다. 차갑던 흙들도 점차 온기를 더해가고 있습니다. 바야흐로 우리들은 다시 만물이 소생하는 봄을 맞게 되었습니다. 그런데 이번 봄을 맞이하면서 우리는 한 가지 문제에 봉착하게 되었습니다. 그 문제가 무엇인고 하니……."

나무들 중에서 가장 나이가 많은 느티나무의 영혼이 빙 둘러선 나무들의 영혼들을 보고 먼저 입을 열었다.

"그게 무엇인고 하니 지난해에도 심각하게 대두된 문제입니다만……."

느티나무 영혼이 위엄을 더하기 위해 쓰윽 수염을 쓰다듬은 후 말을 이었다.

"해마다 잎도 나기 전에 꽃부터 먼저 피는 나무들이 끼치는 폐악이 심각하다는 것입니다. 봄은 그들에게만 오는 것이 아닙니다. 사람들에게 봄을 알리는 것 또한 그들만이 아닙니다. 그런데도 사람들은 개나리니 진달래니 철쭉이니 목련이니 하는 꽃들만 보고 봄이 온 것을 먼저 압니다. 이러한 사실은 우리 꽃들의 사회에서 평등하지도 않고 진실하지도 않다는 지적이 줄곧 있어왔습니다. 이 땅에 봄이 오는 것은 몇몇 특정한 꽃들의 명성을 위한 것이 아닙니다. 그래서 올해부터는 그 어느 꽃나무도 잎보다 꽃이 먼저 피어나서는 안 된다는 것을 의결하게 되었습니다. 그래서 먼저 개나리에게 묻겠습니다. 개나리는 이제 봄이 오면 잎보다 먼저 꽃이 피어나서는 안 됩니다. 이 약속을 지킬 수 있겠습니까?"

"네."

개나리는 꽃나무들의 일방적인 의결에 불만이 가득 찼다. 그렇지만 하는 수 없이 그렇게 하겠다고 말했다.

"백목련은 어떻습니까? 이 약속을 지킬 수 있겠습니까?"

"네."

백목련도 하는 수 없이 마른 나뭇가지를 흔들면서 약속을 지키겠다고 말했다.

진달래도 철쭉도 그렇게 하겠다고 말할 수밖에 없었다.

드디어 봄이 왔다. 개나리와 진달래와 백목련과 철쭉은 몹시 고민이 되었다. 지금까지 단 한 번도 꽃보다 잎이 먼저 핀 적이 없었던 그들로서는 불타오르는 뜨거운 가슴을 억누르기 힘들었다. 그러나 꽃들의 사회에

서 의결된 사항 또한 지키지 않으면 안 되는 것이 그들의 입장이었다.

고민하는 사이에 비가 왔다. 연사흘이나 봄비가 내렸다. 개나리와 진달래와 백목련과 철쭉의 몸은 도저히 꽃망울을 터뜨리지 않고는 견딜 수 없을 정도로 봄비로 가득 찼다. 그래서 그들은 그만 올해에도 잎보다 꽃이 먼저 피는 열정에 들뜨고 말았다. 봄비가 그친 뒤, 앙상한 나뭇가지에 잎보다 먼저 아름다운 꽃들이 피어나기 시작한 것이다.

"어머, 봄이야. 저 개나리 핀 것 좀 봐. 어머, 언제 저렇게 목련이 피었지?"

사람들은 감탄을 거듭하면서 그제야 봄을 느끼기 시작했다. 그리고 한 젊은 여자가 그들 앞을 지나면서 이렇게 말했다.

"아, 나도 잎보다 먼저 꽃이 피는, 저런 꽃들처럼 열정적인 삶을 살고 싶어!"

두 눈을 가린 스승

어느 고등학교에서 학생들이 동맹휴학을 일으켰다. 학생들은 자신들의 잘못은 인정하지 않고 다소 체벌을 심하게 한 생활지도 교사를 해직시키라고 요구했다.

학교측에서는 학생들의 그런 부당한 요구를 들어줄 수 없다면서 주동 학생들을 징계하려고 들었다. 그러자 수업을 거부하고 운동장에 모여 있던 학생들이 우르르 교무실로 들이닥쳤다. 개중에는 손에 몽둥이를 들고 있는 학생들도 더러 있었다.

교사들은 학생들의 기세에 놀라 얼른 자리를 피했다. 급히 학교 뒷산으로 달아나는 교사가 있는가 하면, 어느새 교문 밖으로 내뺀 교사도 있었다. 그런데 유독 김철후라는 나이 많은 한 교사만은 학생들을 피하지 않고 그대로 교무실에 앉아 있었다.

"네 이놈들! 밖으로 썩 나가지 못해? 학생들이 교무실에 와서 난동을

부려도 되는 거야? 도대체 이게 어디서 배운 버르장머리야?"

김교사는 학생들을 향해 대성일갈했다. 학생들은 앞뒤 가리지도 않고 흥분한 채 김교사를 둘러쌌다. 그리고는 누가 먼저라고 할 것 없이 김교사를 구타하기 시작했다.

그러자 김교사는 얼른 두 손으로 자신의 두 눈을 가렸다. 학생들의 주먹질과 발길질을 피할 생각도 하지 않은 채 눈을 가린 두 손을 떼지 않았다. 한 학생이 김교사의 머리카락을 움켜쥐고 흔들어도 한사코 얼굴에서 두 손만은 떼지 않으려고 들었다.

그뒤 사태가 진정되자 학생들에게 큰 고민거리가 한 가지 생겼다. 그것은 평소 존경해 마지않던 김교사를 흥분한 나머지 집단 폭행했다는 사실을 어떻게 사죄해야 하는가 하는 점이었다. 학생들은 크게 뉘우치다 못해 무조건 김교사를 찾아가 머리를 조아리고 사죄했다.

"선생님, 저희들의 잘못을 용서해 주십시오. 정말 죽을 죄를 지었습니다."

"아니야, 괜찮아. 스스로 잘못을 깨달았으면 그것으로 그만이야. 이 세상에 자기의 잘못을 스스로 깨닫는 사람만큼 훌륭한 사람은 없어."

빙그레 미소까지 띠며 그런 말을 하는 김교사에게 학생들은 다들 큰 감동을 받았다. 그러자 푹 고개를 숙이고만 있던 한 학생이 조그맣게 입을 열었다.

"선생님, 그런데 그때 왜 한사코 손으로 두 눈을 가리셨습니까?"

"하하, 그게 그리 궁금한가? 나는 나를 때리는 학생의 얼굴을 보고 싶지 않았어. 수양이 모자라는 내가, 나를 때리는 학생의 얼굴을 본 이상,

그 학생에게 늘 나쁜 감정을 가지게 될 게 아닌가? 그래서 일부러 보지 않으려고 그랬네."

학생들은 김교사의 말에 그만 울음을 터뜨렸다. 그리고 진정으로 자신들의 잘못을 깨달았다.

보물찾기

한 시골 초등학교 뒷산에서 보물찾기 대회가 열렸다. 초등학교를 졸업한 지 30여 년 만에 모교를 찾은 졸업생들이 재학 시절의 은사님을 모시고 소풍을 간 것이다.

"자, 동창생 여러분, 오늘의 마지막 순서로 보물찾기를 실시하겠습니다. 오늘의 이 보물찾기는 아주 이색적인 것으로, 우리들의 영원한 스승이신 김판영 선생님께서 제안하신 것입니다. 선생님께서는 여러분들이 학교를 졸업하고 고향을 떠난 후 지금까지 결코 잃어버려서는 안 될 소중한 보물들을 많이 잃어버렸다고 하시면서, 이제 그것들을 다시 찾아야 할 때가 되었다고 말씀하고 계십니다. 그래서 우리들은 그동안 잃어버리고 만 그 소중한 것들을 다시 찾고자 합니다. 자, 다들 보물을 찾으러 출발하십시오. 지금이 오후 세 시니까 오후 네 시까지 딱 한 시간 동안의 시간을 드리겠습니다. 예전에 우리들이 소풍을 가고 했던 저 산꼭대기까지 바위틈이나 나뭇가지 등을 살펴보십시오. 그곳에 보물을 가리키는 종이쪽지가 숨어 있을 것입니다. 가장 소중한 것을 찾아오시는 분께 가장 큰 선물을 드리겠습니다."

사회자의 말이 끝나자 20여 명의 졸업생들이 5월의 신록 속으로 뿔뿔이 흩어졌다. 이마에 주름살이 깊게 패인 김판영 선생님은 보물을 찾으러 떠나는 제자들을 지켜보며 잔잔한 미소를 머금었다.

한 시간은 금방 지나갔다. 졸업생들은 대부분 손에 종이쪽지 한 장씩을 들고 다시 사회자 앞에 모여들었다. 사회자 앞에는 예쁘게 포장된 많은 상품들이 쌓여 있었다. 사람들은 대부분 자기가 가장 큰 상을 받기를 원했다.

"자, 여러분, 지금부터 여러분이 찾은 보물에 대한 시상이 있겠습니다. 가장 소중한 것을 찾아오신 분께 김선생님께서 직접 시상을 해주시겠습니다. 한 사람씩 차례대로 종이쪽지를 건네주시기 바랍니다."

사회자가 말을 마치자 임산부처럼 배가 툭 튀어나온 졸업생이 먼저 쪽지를 내밀었다. 거기엔 '우정'이라는 말이 씌어져 있었다.

"네, 그렇군요. 그동안 우리들은 정말 소중한 우정을 잃어버리고 있었군요."

사회자는 그 사내에게 조그만 탁상시계 하나를 상품으로 주었다.

다음은 대머리가 된 사내가 쪽지를 내밀었다. 거기엔 '인내'라는 글씨가 씌어져 있었다.

"네, 정말 그렇습니다. 우리는 어릴 때 쇠꼴을 먹이면서부터 길렀던, 가난을 참고 견디는 그 마음을 잃어버리고 말았군요."

그 다음은 청바지에다 남방셔츠를 입은 사내가, 또 그 다음은 십자가 금목걸이를 한 아주머니가 '희망'이니 '시간'이니 하는 쪽지를 내밀었다. 그때마다 자그마한 상품들이 주어졌다.

사람들은 모두 '사랑'이라는 쪽지를 찾아온 사람이 가장 큰 상품을 차지할 것이라고 생각하고 있었다. 그러나 하트 형태의 커다란 귀거리를 한 아주머니가 '사랑'이란 글씨가 씌어진 쪽지를 내밀어도 그 아주머니에게 돌아간 상품은 고작 압력밥솥이었다.

그러자 사람들은 모두 궁금해했다. 누가 일등을 할 것인가, 누가 가장 큰 상품을 탈 것인가 하고 시상대 위에 놓여 있는 가장 크기가 큰 상품을 힐끔힐끔 쳐다보았다. 그러나 마지막 시상식이 다 끝날 때까지 그 상품을 가져가는 사람은 아무도 없었다. 다만 보물찾기를 제안한 김판영 선생이 나서서 제자들 앞에 한 말씀 하실 뿐이었다.

"나는 오늘 여러분들을 만나서 퍽 반갑기도 하지만, 또한 퍽 유감이기도 합니다. 그건 여러분들이 가장 소중한 보물을 찾지 못했기 때문입니다. 지금 우리가 잃어버리고 있는 것 중에서 가장 큰 것은 분명 사랑입니다. 잃어버린 사랑은 반드시 찾아야 합니다. 그렇지만 여러분, 희생이 없는 사랑은 없습니다. 사랑을 위해서는 자신을 버릴 줄 알아야 합니다. 여러분 어머니들의 희생을 한번 생각해 보십시오. 어머니의 사랑, 그것은 바로 희생입니다. 나는 오늘 여러분들이 '희생'이라는 보물을 꼭 찾아줄 것을 기대했습니다."

북의 어머니

그는 43년 만에 고향땅 북한을 찾았다. 재미교포로서의 공식 일정을 모두 끝내고 곧장 고향 마을을 찾아나섰다. 길도 옛길이 아니고 마을 이름도 옛이름이 아니었으나 어릴 때의 기억을 더듬어 마침내 한 집을 찾아내었다.

초가지붕이 슬레이트 지붕으로 바뀐 것말고는 안채와 사랑채가 있던 자리와 뒷간과 광이 있던 자리까지 예전과 똑같았다. 심지어 뒤꼍에 살구나무 한 그루가 서 있는 것까지 그대로였다.

그는 두근거리는 가슴을 진정시키며 성큼 대문 안으로 들어섰다. 봉당에 초라한 할머니 한 분이 꼬부리고 앉아 졸고 있었다.

"할머니, 혹시 43년 전에 이 집에 살던 사람을 아세요?"

그는 가만히 노파에게 다가가 물었다.

노파는 꿈이라도 꾸는지 눈도 뜨지 않고 한동안 말이 없다가 혼잣말처럼 중얼거렸다.

"내가 50년 전부터 여기서 살았는데……."

"네? 50년 전부터요?"

놀란 그는 주름투성이인 노파의 얼굴을 찬찬히 살펴보았다. 한 번도 본 적이 없는 낯선 얼굴이었다. 노파는 이빨이 몽땅 빠지고, 하얗게 센 머리가 북데기처럼 엉켜 있었으며, 눈마저 짓물러 눈곱으로 덮여 있었다.

그러나 그는 헛일 삼아 다시 물어보았다.

"그러면 할머니, 6·25 나기 전에 이 집에 살던 기영이라고 아세요?"

"기영이?"

노파의 얼굴에 환히 반가운 기운이 스치더니 이내 눈물이 고였다.

"우리 아들인데 죽었어."

"아니, 그러면 저의 어머니세요? 어머니, 제가 기영인데요."

"뭐라구?"

노파는 귀가 어두워 잘못 알아들었는지 천천히 고개를 저었다.

"이남에 갔는데 죽었어. 한 번만이라도 만나봤으면 좋겠어."

"어머니, 제가 이남에 갔던 기영이예요. 고개를 들어보세요."

그제서야 노파가 번쩍 고개를 들고 그를 뚫어져라 쳐다보았다. 그러더니 눈에 불꽃을 일으키며 벌떡 일어나 다짜고짜로 그의 양복 저고리를 벗겨내었다. 어디에서 그런 힘이 나는지 젊은이 못지않은 힘으로 와이셔츠마저 벗겨내렸다. 그리고는 "아이고, 기영아!" 하고 그의 등에 얼굴을 대고 울기 시작했다.

"아이고, 이거 꿈인가 생신가? 네가 정말 기영이구나! 등에 삼태성이 있는 걸 보니 틀림없는 기영이구나! 아이구, 내 아들아! 내가 너를 낳았을 때 이 삼태성을 보고 우리 집에 인물 났다고, 네 아버지가 그리 좋아하셨는데……."

노파는 그의 등을 쓰다듬으면서 울음을 그치지 않았다. 그제서야 그도 "어머니!" 하고 노파를 부둥켜안고 울음을 터뜨렸다.

꿈에 그리던 젊은 어머니의 모습은 아니었지만, 그는 어머니를 쳐다보고 또 쳐다보았다. 알아볼 수 없을 정도로 변해버린 어머니의 모습에 눈물이 더욱 쏟아졌다.

"휴전선이 막히자 아버지는 네 생각에 화병이 나서 돌아가셨다. 그리고 네 누나와 동생은 6·25 때 죽었고. 나도 오래전부터 몸이 아파 널 한번만이라도 보고 죽게 해달라고 매일매일 신령님께 빌고 있었다. 그런데 이게 웬일이냐? 정말 이렇게 보게 되다니……. 어제는 오랜만에 네 꿈을 꾸었는데, 깨고 나니 네 얼굴이 통 안 떠올라 아까부터 봉당에 앉아 네 얼굴을 다시 한 번 떠올려보려고 애를 쓰고 있던 중이었다. 집이 달라지면 네가 영영 찾아올 수 없을 것 같아 여러 가지 어려움이 있었지만 허물지도 고치지도 않고 그대로 두었는데 정말 잘한 일이구나."

노파는 연신 꿈만 같다면서 몇 번씩이나 자기의 손등을 꼬집어보면서 이야기를 계속했다.

그러나 그는 이런저런 사정상 단 하룻밤도 어머니와 지내지 못하고 그곳을 떠나야만 했다. 매달리며 우는 어머니에게 몇 달 후에 꼭 다시 찾아오겠다는 약속만을 남기고 그곳을 떠났다.

그뒤, 그가 다른 나라에 들렀다가 다시 미국으로 돌아오자 어머니가 돌아가셨다는 소식이 와 있었다. 가만히 날짜를 따져보니 자기가 찾아갔던 바로 그 다음날이 어머니가 돌아가신 날이었다.

순한 양과 풀밭

맞대기만 하면 싸움을 하는 젊은 부부가 있었다. 남편은 아내가 늘 순한 양처럼 고분고분하기를 원한 반면, 아내는 남편이 늘 푸른 풀밭처럼 넓고 아늑하기를 원했다.

"여보, 제발 순한 양이 좀 돼 봐요."

"그럼 당신이 먼저 풀밭이 돼 보세요. 당신이 풀밭이라면 나는 순한 양이 될 수 있어요."

"나는 이미 늘 풀밭이야."

"나도 늘 순한 양이에요."

그들은 이런 식으로 늘 상대방이 원하는 것이 먼저 되라고 주장했다. 그러면서 서로 상대방이 자기를 사랑해 주지 않는다고 생각했다.

"당신도 이젠 나를 좀 사랑해 봐. 사랑을 받으려고만 들지 말고 먼저 사랑할 줄도 좀 알란 말이야."

"그런 당신은? 당신이 그런 말을 할 자격이 있다고 생각하세요? 당신이야말로 나를 좀 사랑해 봐요."

"허허 참, 난 당신을 사랑해. 우리가 지금까지 이렇게 살고 있는 것도 다 내가 당신을 사랑하기 때문이야."

"하하, 당신도 참, 그건 바로 내가 할 소리예요. 내가 당신을 사랑하고 있기 때문에 그나마 이렇게 이혼까지 가지 않고 살고 있는 거예요."

"여보, 이젠 그런 쓸데없는 말장난 그만하고, 정말 나를 좀 사랑해 봐. 부탁이야. 사랑을 얻으려면 먼저 사랑을 해야 해. 사랑을 받기만을 원하면 결국 사랑을 잃게 돼. 주지 않으면 얻을 수가 없어."

"여보, 나도 정말 부탁이에요. 당신이 나를 사랑하면 그 사랑이 모두 당신한테 돌아가는 거예요."

그들의 이런 식의 싸움은 늘 되풀이되었다. 서로 상대방에게 싸움의 원인이 있다고 생각하고 서로 조금도 양보하지 않았다.

그러자 싸움의 양태가 갈수록 격렬해졌다. 남편이 고함을 치고 욕을 하면 아내도 소리를 지르고 욕을 했다. 남편이 화를 참지 못하고 물건을 내던지면 아내도 화를 참지 못하고 물건을 내던졌다. 자연히 그들은 몸과 마음이 만신창이가 되어갔다.

하루는 그들 사이에 하나의 협상이 이루어졌다. 그것은 도중에 누가 "순한 양!" 하고 소리치거나 "풀밭!" 하고 소리치면 일단 입을 다물고 더 이상 싸우지 않는다는 협상이었다.

그들의 이 협상은 잘 지켜졌다. 정신없이 한창 싸우다가도 남편이 먼저 "순한 양!" 하고 소리치면 아내도 "풀밭!" 하고 소리치고는 싸움을 중단했다.

그러나 일단 싸움이 중단되기는 했으나, 싸움의 횟수는 줄어들지 않았다. 그리고 남편이 바라는 대로 '순한 양과 같은 아내가 되기는커녕 '성난 양'과 같은 아내가 되어갔으며, 아내가 바라는 대로 '풀밭' 같은 남편이 되기는커녕 '폐허'와 같은 남편이 되어갔다.

그런데 같은 부부가 사는 아파트 202동에도 그들과 똑같이 "순한 양!", "풀밭!" 하고 소리치며 싸우는 부부가 있었다. 그런데 그들 부부와는 달리 그렇게 소리치면 칠수록 그들은 정말 '순한 양'과 '풀밭'이 되어갔다. 갈수록 싸움의 횟수도 줄어들고, 부부 사이의 금실도 좋아졌다.

그들은 202동에 사는 부부가 부러웠다. 그래서 한번은 202동에 사는 부부한테 가서 물었다.

"참 이상하군요. 우리 부부도 당신들처럼 싸움을 하다가 '순한 양!', '풀밭!' 하고 소리치는데, 부부 사이가 좋아지기는커녕 더 나빠지기만 합니다. 그런데 당신들을 그렇지 않군요. 그 이유가 무엇인지 궁금합니다."

그러자 202동에 사는 부부가 빙긋 웃음을 주고받으면서 말했다.

"아, 그건, 우리가 상대방에게 무엇이 되라고 소리치는 게 아니라, 자기 자신에게 무엇이 되라고 소리치기 때문입니다. 우리 집은 남편이 자기 자신에게 '풀밭'이라고 소리치고, 아내도 자기 자신에게 '순한 양'이라고 소리칩니다. 상대방에게 요구하는 게 아니라 바로 자기 자신에게 요구하는 것이지요."

울지 말고 꽃을 보라

초판 1쇄 2011년 8월 24일
초판 19쇄 2020년 3월 5일

지은이 | 정호승
펴낸이 | 송영석

펴낸곳 | (株)해냄출판사
등록번호 | 제10-229호
등록일자 | 1988년 5월 11일(설립일자 | 1983년 6월 24일)

04042 서울시 마포구 잔다리로 30 해냄빌딩 5·6층
대표전화 | 326-1600 **팩스** | 326-1624
홈페이지 | www.hainaim.com

ISBN 978-89-6574-319-4

파본은 본사나 구입하신 서점에서 교환하여 드립니다.